나는
느린 세계를
가르치는
교사입니다

나는 느린 세계를 가르치는 교사입니다

15년 차 특수교사의 매일 새롭고 특별한 교실 이야기

초 판 1쇄 2025년 08월 29일

지은이 류지현
펴낸이 류종렬

펴낸곳 미다스북스
본부장 임종익
편집장 이다경, 김가영
디자인 윤가희, 임인영
책임진행 김은진, 이예나, 김요섭, 안채원

등록 2001년 3월 21일 제2001-000040호
주소 서울시 마포구 양화로 133 서교타워 711호
전화 02) 322-7802~3
팩스 02) 6007-1845
블로그 http://blog.naver.com/midasbooks
전자주소 midasbooks@hanmail.net
페이스북 https://www.facebook.com/midasbooks425
인스타그램 https://www.instagram.com/midasbooks

ⓒ 류지현, 미다스북스 2025, *Printed in Korea.*

ISBN 979-11-7355-467-4 03370

값 18,500원

※ 파본은 구입하신 서점에서 교환해드립니다.
※ 이 책에 실린 모든 콘텐츠는 미다스북스가 저작권자와의 계약에 따라 발행한 것이므로 인용하시거나 참고하실 경우 반드시 본사의 허락을 받으셔야 합니다.

미다스북스는 다음세대에게 필요한 지혜와 교양을 생각합니다.

15년 차 특수교사의 매일 새롭고 특별한 교실 이야기

나는
느린 세계를
가르치는
교사입니다

류지현 지음

미다스북스

추천사

　이 책은 교실의 작은 에피소드 속에서 아이들이 자기 속도로 피어나는 과정을 어떻게 지켜보고 돕는지가 담겨 있습니다. 성적과 경쟁으로만 평가되는 현실에서 저자는 '기다림'이라는 교육의 본질을 놓치지 않습니다. 아이가 넘어지는 순간에 손을 뻗어주는 대신 옆에서 묵묵히 걸음을 지켜보는 법, 서툴지만 자기만의 언어로 세상을 배우도록 돕는 법을 들려줍니다.
　빠른 성과와 즉각적인 결과를 요구받는 교실에서 이 책은 교사들에게 새로운 용기를 줍니다. 아이의 속도가 더디다고 해서 뒤처진 것이 아님을, 그 속도가 곧 아이의 고유한 리듬임을 다시 일깨워 줍니다. 교육자로서 아이와 함께 자라는 길을 기꺼이 걸어가도록 손을 잡아주는 책입니다.
　교실 속에서 '도움반' 아이들과 함께하는 선생님이라면 이 책의 첫 장을 여는 순간 자신도 모르게 마음이 편안해질 것입니다. 더디지만 꿋꿋이 자기 길을 걸어가는 아이들, 그 곁에서 하루하루 애써주시는 학부모님들의 노고가 얼마나 귀한 것인지 저자는 살아낸 이야기로 증명해 보입니다. 그래서 이 책은 단지 한 교사의 기록이 아니라 도움반 아이들을 품고 지도하는 선생님들에게는 든든한 동반자가 되고 그 아이들을 키워내는 부모에게는 깊은 위로와 용기를 건네는 따뜻한 안내서가 될 것입니다.

또한 자녀의 속도가 남들과 다르다는 이유로 조급해지거나 불안해지는 부모에게도 이 책은 큰 위로와 새로운 시각을 선물합니다. 아이가 넘어지더라도 옆에서 묵묵히 지켜보며, 결국 자기 힘으로 일어서는 과정을 기다려 주는 것이야말로 가장 단단한 양육임을 알려주지요. 읽고 나면 부모로서 아이를 바라보는 눈빛이 부드러워지고, '느린 성장'이야말로 오히려 오래도록 튼튼한 뿌리가 된다는 믿음을 얻게 될 것입니다.

무엇보다 도움반의 도움으로 성장하는 아이를 키우는 엄마인 제게 이 책은 남다른 울림으로 다가왔습니다. 아이의 걸음을 기다려 주고, 작은 성취에도 함께 기뻐하는 일이 얼마나 큰 힘이 되는지, 저 또한 날마다 배워가고 있기 때문입니다. 그래서 이 책은 단순한 교육 에세이를 넘어 제 삶과 맞닿은 진심의 기록처럼 읽혔습니다. 교육의 방향이 흔들리기 쉬운 이 시대에, 이 책은 교사와 부모 모두에게 '느림'이 왜 지금 더 소중한지 알려주는 든든한 나침반이 되어줄 것입니다.

이은경 (부모교육전문가, '슬기로운초등생활' 대표)

프롤로그

'특수학교'라는 단어를 들었을 때, 여러분은 어떤 이미지를 떠올리시나요? 혹시 '어렵고 복잡한 곳', '슬픈 이야기', '감당하기 힘든 상황'이 먼저 떠오르지는 않으셨나요? 종종 들리는 뉴스 속 특수교육은 어두운 그림자로만 비칩니다.

영화 〈도가니〉 사건, 가방 속 녹음기 사건, 학교 폭력, 과중한 업무에 지친 교사들의 이야기 등. 이런 무거운 뉴스나 이야기들이 우리의 머릿속에 '특수학교=무섭고 두려운 곳'이라는 인식을 심어주었는지 모르겠습니다. 하지만 막상 이곳에서 살아가는 제 일상은 어둡지 않습니다.

어느 날 문득, 처음 스키장을 갔을 때의 기억이 떠오릅니다. 입구의 자동문이 열리며 저에게 다가온 것은 새로운 세상과 그에 대한 두려움이었습니다. 하얗게 쌓인 산의 경사면을 능숙하게 내려오는 사람들과 눈부신 장비들을 보며 생각했습니다.

'저 사람들은 아예 다른 세상에서 온 걸까?'
'여기가 어디지? 맞아! 스키장이었지!'

스키를 한 번도 배워본 적 없던 저는 막연히 그곳이 무섭고 낯설게 느껴졌습니다. 아무것도 모르고 호기롭게 리프트를 타고 올라갔다가, 내려오는 길에 제대로 날아가 넘어지고 말았습니다. 그 후 스키장을 떠올리면 넘어져 아팠던 기억과 당황스러웠던 감정만 남아 있습니다. 하지만 그 세계가 그렇게 멀고 두렵게 느껴졌던 이유는, 그 안의 규칙과 방법을 알지 못했기 때문이었습니다. 조금만 배워보았다면, 조금만 알았더라면, 저도 경사면을 웃으며 내려올 수 있었을지도 모릅니다. 위험을 무릅쓰고서라도 그 스포츠의 매력에 빠지면 헤어 나오기 힘든 것처럼요. '특수학교'를 떠올릴 때의 막연한 거리감도 이와 비슷하지 않을까요?

한 번도 만나본 적 없는 장애 학생, 우연히 목격한 공격행동, 설명하기 어려운 감각의 차이와 왠지 뭔가 다른 행동 등. 이 모든 것이 두려움과 오해를 심어 줄 수 있을 거라는 생각이 들었습니다. 그러나 매일 아침, 아이들과 눈을 맞추며 함께 지내는 풍경은 제가 늘 익숙하게 지내는 세상과 그리 다르지 않습니다.

이 책 제목에서 말하는 '느림'이라는 의미는 뒤처짐이나 부족함을 뜻하지 않습니다. 오히려 빠름에 익숙한 세상 속에서, 천천히 그러나 깊게 자라는 과정의 가치를 말합니다. 아이들의 느린 발걸음 속에는 그만의 섬세한 빛과 이야기가 담겨 있습니다.

저는 교실에서 아이들을 가르치면서, 동시에 아이들에게서 배웁니다. 함께 걷고, 함께 멈추며, 함께 다시 나아가는 그 길 위에서, '느림'은 단순한 속도가 아니라 존중과 기다림, 그리고 진정한 배움의 또 다른 이름임을 깨닫습니다.

특수교사로서 저는 양파 껍질을 한 겹씩 벗기듯, 이 세계의 투명하고 맑은 이야기를 해보고 싶었습니다. 학생들의 느린 발달, 느린 걸음, 느린 말 속에 담긴 깊은 교감, 그 속에서 제가 받은 위로와 배움을 진심으로 전하고 싶었습니다. 장애는 특별한 이야기가 아닙니다. 단지 우리가 아직 잘 모르는 이야기일 뿐입니다.

"특수학교는 결코 특별하지 않다. 익숙해지면 누구에게나 따뜻한 일상이 된다." 저는 이런 이야기를 전하고 싶습니다. 이 책은 제가 15년간 특수학교 교실 안에서 만난 아이들과 함께 지내며 쓴 이야기입니다. 학생들을 가르쳐왔지만, 오히려 그들에게 배운 시간이 더 많았습니다. 그 일상 속에서, 저는 천천히 성장해 왔습니다. 교사라는 자리를 더욱 사랑하게 만들어주었습니다. 이 책이 누군가에게 '장애'라는 단어를 새롭게 바라보는 창이 되길 바랍니다. 그리고 그 창 너머로, 조금은 다르지만 따뜻하고 투명한 교실의 빛이 닿기를 바랍니다.

2025년 여름
류지현

목차

추천사 004
프롤로그 006

꽃잎 하나
특별한 교실,
특별한 만남

1. 특수교사, 나의 길   015
2. 특별한 교실, 나의 쉼터   021
3. 그들, 나의 선생님   025
4. 함께 나아가는 발걸음   029
5. 우리만 아는 이야기   035

꽃잎 둘
다채로운 꽃잎,
장애를 이해하는 시간

1. 멈추지 않는 호기심, 지적 장애 043
2. 세상과 조금 다른 목소리, 자폐 스펙트럼 장애 053
3. 마음의 파도, 정서 및 행동 장애 069
4. 글자 속 숨겨진 보물, 학습 장애 077
5. 세상을 느끼는 방법, 감각 장애 085
6. 눈빛으로 알 수 있어요, 뇌병변 장애 090

꽃잎 셋
우리가 함께 쓴 이야기,
교실 속 작은 기적들

1. 선생님도 새 학기는 두려워 101
2. 함께하지만 다르게 배우는 교육 104
3. 작은 성장, 큰 기쁨 107
4. 졸업, 그리고 새로운 시작 111
5. 교실 너머, 세상으로 나아가는 발걸음 116
6. 헬렌 켈러에게는 설리번 선생님이 120

7. 학생을 가르치는 기술이 필요할까?　126
8. 학생에게 늘 시선이 닿도록　130
9. 학생의 안정된 마음을 위한 학교의 역할　132
10. 어린 시기에 머물러 있는 청소년기　135
11. 로블록스 하는 선생님　139
12. 장애 학생을 대하는 태도　144
13. 엄마들이 말하는 조기 교육에 대한 것　150

꽃잎 넷

함께 만들어 가는 세상, 특수교육의 미래

1. 편견과 이해 사이, 특수교육에 대한 사회적 인식　157
2. 함께 걸어가는 길, 특수교육 정책과 제도　164
3. 따뜻한 손길, 특수교육에 관한 경제적 지원　167
4. 따뜻한 눈길, 특수교육에 관한 사회적 관심　170
5. 나누는 지혜, 주요 단체 및 정보　178
6. 현장의 목소리, 나의 생각과 제안　192

꽃잎 다섯

희망을 담은 꽃잎,
특수교사의 꿈과 미래

1. 특수교사의 중요성 203
2. 특수교사로서의 성장과 발전 209
3. 특수교육의 미래를 향한 희망 212
4. 독자들에게 전하고 싶은 메시지 218

에필로그 223

부록   부록 1: 특수교육 관련 용어 설명   229
           부록 2: 참고 도서 및 자료   251

일러두기 | 등장하는 인물의 이름은 모두 가명입니다.

꽃잎 하나

특별한 교실,
특별한 만남

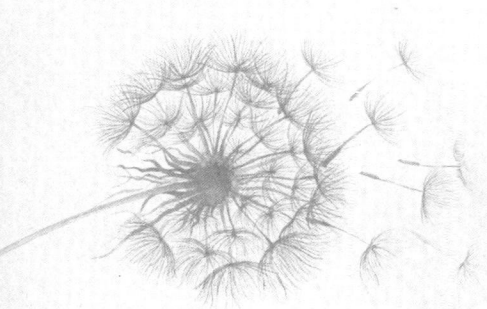

1. 특수교사, 나의 길
2. 특별한 교실, 나의 쉼터
3. 그들, 나의 선생님
4. 함께 나아가는 발걸음
5. 우리만 아는 이야기

1

특수교사, 나의 길

"당신이 정말로 아는 것을 알고,
정말로 느끼는 것을 느끼고,
정말로 말하고자 하는 것을 말하며,
정말로 원하는 것을 하라."

─ 펄 사 벅

15년째 특수교사의 길을 걷고 있습니다. 가끔은 생각합니다. 저는 왜 이 길을 걷고 있을까요? 고등학교 시절 자원봉사 동아리를 했기 때문일까요. 아니면 친한 교회 언니가 특수교육과를 지망한다고 했기 때문일까요. 어떤 순간들이 점처럼 흩어져 있다가 저를 이 길로 안내한 것인지, 사실 아직도 확실한 이유는 잘 모르겠습니다. 현실적으로는 수능 점수에 맞춰 대학을 가게 되었으니까요. 그전에는 정말 선망했던 일이 따로 있었습니다. 아나운서였고, 그중에서도 라디오 DJ를 꿈꿨습니다. 모두가 잠드는 시간에 누군가의 사연을 조용히 읽어주고, 이야기를 잘 들어주는 사람이 되고 싶었던 제가 어떻게 교사가 되었는지 그 과정을 먼저 설명 드리고자 합니다.

현실은 점수에 맞춰 대학을 고르게 되었고, '말로 할 수 있는 직업을 찾다가 언어치료학과가 포함된 학부에 가게 되었습니다. 그래서 대학 시절 고민이 많았습니다. 정말 이 길이 제 길이 맞을까요? 기도도 참 많이 했습니다.

1학년 때는 학부 공통과목을 들으며 대학 생활 자체가 새로웠고, 미래에 대한 고민보다는 적응하는 데 더 집중했습니다. 하지만 스스로에게 기대했던 모습에 미치지 못했던 아쉬움이 컸습니다. '이대로는 안 되겠다'라는 다짐으로 더 열심히 공부하기 시작했습니다. 실망감이 오히려 원동력이 되었던 것 같습니다. 아이러니하게도 고등학교 때보다 더 열정적으로 공부했습니다. 밤샘 리포트는 기본이었고, 1학년을 마칠 때쯤에는 한 과목 A만 빼고 전부 A+를 받았습니다. '고등학교 때 이만큼만 했더라면' 하는 후회도 있었지만, 그 덕분에 학부 전체 학생 중 다섯 명에게만 주어지는 교직 이수를 받을 수 있었습니다.

지금은 치료 교사라는 이름이 사라졌지만, 당시에는 치료 교사라는 자격이 있었고, 언어치료사 자격 외에도 특수교사로 갈 수 있는 길이 열리게 되었습니다. 2학년을 마칠 무렵, 미국에 있는 특수학교에서 인턴십을 할 기회가 닿았습니다. 교사의 길이 저에게 맞는지 시험해 보고 싶었습니다. 언어도 배울 수 있고, 외국의 특수교육도 경험해 볼 수 있을 것 같았습니다. 그렇게 도착한 곳은 미국 뉴햄프셔주 맨체스터에 있는 크로치드 마운틴 재활센터(Crotched Mountain Rehabilitation Center, CMRC)였습니다.

그곳은 학교와 기숙사가 함께 운영되고 있었고, 각 학생에게 맞는 전문가들—시각 전문가, 언어 전문가, 수화 통역사, 의사, 간호사 등—이 필요에 따라 배치되어 있었습니다. 학교 안에는 수영장, 볼링장, 농구장, 원예실, 작업교육실, 도서관 등 다양한 수업 공간이 있었고, 대부분의 수업은 그런 특별실에서 이루어졌습니다. 계단보다는 휠체어가 다닐 수 있도록 설계된 경사로가 많았고, 대부분의 건물이 1층으로 구성되어 이동이 편리하였습니다. 미국이 특수교육을 우리나라보다 먼저 시작한 나라여서 그런지 건물 구조나 설계에서도 장애를 고려한 배려가 느껴졌습니다. 건물이 산에 있어 통학이 어려웠기 때문에, 이곳은 부모가 학교에 자녀를 위탁하는 기숙학교로 운영되었습니다. 학생들은 학교에서 수업과 치료를 받고, 오후에는 생활동에서 스태프들과 함께 생활했습니다. 생활동에서는 요일별로 정해진 활동이 있었는데, 어떤 날은 피자를 만들기도 하고, 어떤 날은 브라우니를 굽기도 했습니다. 저는 주로 수업을 돕거나, 거동이 어려운 학생들의 이동을 도왔고, 저녁 시간에는 생활을 함께하며 설거지, 빨래 등을 했습니다. 한국에서는 볼 수 없었던 구조의 재활센터였습니다. 모든 것을 그 안에서 해결할 수 있는 시스템이었고, 방학에는 학생들이 집으로 돌아가거나 부모가 학교를 찾아오기도 했습니다. 우리나라에도 이런 형태의 센터가 있다면 얼마나 좋을까 하는 바람이 들었습니다.

　미국에서의 경험을 마치고 한국으로 돌아와 3학년으로 복학한 후, 서울의 한 특수학교에 교생실습을 나가게 되었습니다. 실습 전에 3개월간 자원봉사를 하면서 학생들의 얼굴을 익혔더니, 아이들은 저를 아주 많이 반겨주었습니다. 담임 선생님보다 더 좋아해 주는 학생들에게 고마운 마음이 들었습니다. 원예치료를 주제로 연구수업을 했는데, 새벽시장에 나가 꽃을 사고 교실 환경을 꾸며보며 학급 운영의 맛을 잠시 느껴보았습니다. 수업 준비, 학급 경영, 교사의 태도 등을 아주 짧지만 진하게 배울 수 있었습니다.

　두 번째 해외 경험은 영국에서 이루어졌습니다. 2년간 특수학교에서의 기간제 교사생활을 마치며 임용시험을 준비할지, 아니면 다른 일을 해볼지 고민하던 중이었습니다. 우연히 서울 YWCA에서 Y-CSV(영국 국제자원봉사단)를 모집하는 공지를 보고 지원하였는데, 영국에서 온 담당자와 인터뷰를 한 뒤 저의 전공과 경험을 토대로 한 특수학교에 배정되었습니다. 이곳은 뇌성마비 학생들을 위한 전도 교육(Conductive Education)을 하는 곳이었습니다. 전도 교육은 전공책의 지체 장애 부분에 한 줄만 언급되었었는데, 실제로 어떻게 적용되는지 보고 싶었습니다. 이곳도 유치원부터 고등학교까지 있는 학교였고, 기숙사 형태로 운영되었습니다. 이 학교의 학생은 전원 뇌성마비로 인한 지체장애가 있었으며, 그로 인해 모두 휠체어를 이용하고 언어표현이 전반적으로 어려웠습니다. 교육 프로그램은 헝가리에서 온 컨덕터(Conductor, 전도교육을 계획하는 전문가)가 계획하고 진행했으며, 매일 아침 1교시에 책상과 의자를 활용한 스트레칭을 하였습니다. 대부분 근육을 풀어주고 경직이 되지 않도록 하는 활동이었습니다. 언어치료사는 보완 대체 의사소통(Augmentative and Alternative Communication, AAC)을 위해 휠체어 머리 받침대 양쪽에 스위치를 설치해 주었고, 학생들은 머리로 양쪽의 스위치를 눌러 앞에 설치 된 태블릿에 '음료를 마시고 싶어요', '화장실에 가고 싶어요'와 같이 원하는 표현을 하였습니다.

  화장실은 휠체어를 사용하는 학생들을 고려해 설계되었습니다. 천장에는 이동형 리프트가 설치되어 있었고, 이동식 의자와 넓은 공간이 함께 갖추어져 있었습니다. 화장실을 혼자 가기 어려워서 스태프 두 명이 항상 학생과 함께 이동하였습니다. 슬링이라는 천을 학생의 등 쪽과 다리에 감싸주고 고리에 끼워 리프트를 이용하여 학생을 침대로 이동하여 기저귀를 갈아주었고, 어떤 학생은 사다리처럼 설치된 막대기를 두 손으로 잡고 서 있는 동안 휠체어를 뒤로 뺀 후, 이동식 변기를 끌어와 앉을 수 있도록 도와주기도 했습니다. 교실에는 설거지할 수 있는 싱크대와 선반 등의 공간이 있었고, 영국 특유의 티타임 문화 덕분에 학생과 교사가 함께 2~3교시 후 음료를 마시며 쉬는 시간이 마련되어 있었습니다.

특정 시간에는 학생들이 스탠딩 프레임(서 있는 자세를 유지하도록 도와주는 재활·보조 기기)에 몸을 기대어 서 있는 연습을 하기도 했습니다. 서기 연습은 골밀도 유지, 관절 안정, 소화 및 호흡 기능 개선, 그리고 근육 긴장 완화에 효과적이라고 합니다.

모든 학생에게는 1:1로 배정된 전담 선생님과 전담 스태프(보조인력)가 있었으며, 모두를 총괄하는 팀장 및 부장들이 있었습니다. 일주일에 한 번 열리는 회의에서는 스태프나 교사가 담당 학생이 일주일간 어떻게 지냈는지 브리핑하며, 보완할 점과 학생을 위한 방향을 서로 이야기 나누고 공유하여 어려운 점에 대해 대책을 세워나갔습니다. 회의한 다음 공유한 자료를 개별 파일에 모아두었습니다.

저는 한 명의 학생을 전담한 것은 아니었지만 스태프 역할을 하며 수업 보조는 물론, 설거지, 책걸상 버치 등의 보조업무를 하였습니다. 한국에서의 특수교육 지도사 같은 역할이었습니다. 인상 깊었던 스쿨 트립(school trip)도 있었는데 휠체어를 탄 채로 암벽을 올라갈 수 있도록 설계된 리조트였습니다. 장애가 있는 사람, 그리고 그들의 가족 모두가 함께 여가를 즐길 수 있도록 배려한 시스템이 인상 깊었습니다.

이러한 생활을 마친 후, 저는 다시 한국으로 돌아왔고, 노량진으로 향했습니다. 공부하다가 다시 기간제 교사를 하게 되었고, 시험을 보고 합격하여 정규 교사가 될 수 있었습니다.

지금도 가끔은 이 일이 저와 어울리지 않는 옷을 입은 것처럼 느껴질 때가 있습니다. '특수'라는 단어가 주는 무게감 때문인지, 늘 더 잘해야 할 것 같고, 어딘가 나보다 더 잘하는 사람이 있을 것만 같은 기분이 듭니다. 그래도 고등학교 시절부터 끊임없이 '이 길이 내 길일까'를 고민해 왔던 시간이 지금의 저를 만들었다고 생각합니다. 일을 하다 보니 그래도 저와 결이 가장 잘 맞다는 느낌이 드네요.

2

특별한 교실, 나의 쉼터

"우리가 반복적으로 하는 그것이 곧 우리 자신이다.
탁월함은 행동이 아니라 습관이다."

아리스토텔레스

교실에 가면 내성적인 제 안에서 새로운 부캐(부캐릭터)가 등장합니다. 본래의 제 모습보다는 조금 더 씩씩해진다고 해야 할까요? 전투에 나가는 것처럼 몸에 장비를 두른 듯 용감한 모습으로 교실로 입장합니다. 저의 다양한 모습 중 선생님의 모습으로 등장하는 거지요. 학생들을 맞이하고 가르칠 때의 모습은 평소와 달라야 한다고 생각하는데요, 학생들 앞에서는 다정하면서도 씩씩한 선생님의 모습만을 보여주려 노력합니다. 저희 교실에서는 매일 새로운 일들이 펼쳐집니다.

"선생님 안녕하세요?"
"오늘은 몇 호차 타고 가지요?"
"오늘 지한이는 어디서 내리죠?"

"오늘 점심은 뭐지? 너무 궁금한데? 확인해 주세요."
"오늘은 몇 번 먹을 수 있죠?"
"꿍!"
"똥!"
"뱀 똥, 사마귀 똥, 말똥, 개똥…."
"무슨 카우보이?" "무슨 할머니?"
"왜 그 선생님 안 계시는 거예요? 왜요? 왜요?"(듣고 싶은 대답을 들을 때까지 계속 이어지는 질문)
"으아!"(소리 지르며 우는 소리)
"예뻐? 예뻐?"
"예뻐요."(자신이 듣고 싶은 말을 교사에게 하며)

저희 반에는 모두 6명의 학생이 있는데요, 지적장애, 뇌병변 장애, 자폐성 장애 학생들로 구성되어 있습니다. 함께 지내며 반복적으로 학생들이 하는 말과 대화를 기억나는 대로 적어보았습니다. 막상 적어 보니 대화 목록이 그리 많지 않은 것 같습니다. 교과 수업 외에 학생들과 나누는 대화는 반복적이고 제한적입니다. 집에 몇 호차를 타고 가는지, 어디에서 내리는지, 자신이 어떤 카우보이인지 따발총처럼 다다다 묻습니다. 멋진, 열심히 등의 수식어를 넣어 ㅇㅇ 카우보이라고 답변을 해줄 때 아주 좋아합니다. 누가 더 많은 단어 뒤에 똥을 넣느냐가 관건인 낱말 잇기 게임은 학생이 너무 좋아하는 장난 중 하나인데요, 이런 장난기 많은 대화를 하면서 긴장을 풀기도 하고 불안을 낮추기도 합니다.

우리 반 아이들을 물질의 특성에 비유하자면 교실에서는 마치 고체나 액체와 같고 운동장에서는 기체와 비슷합니다. 운동장에 나가기만 하면 모두 한곳이 아닌 다른 길로 흩어져 버리거든요. 다행히 목적지가 어디인지 잘 알고 있어 흩어졌다가도 부르면 모두 한곳으로 달려옵니다. 교실에서는 액체와 고체 사이에서 왔다 갔다 하는데 운동장에서 활동하면 불러도 잘 오지 않는 경우도 많습니다. 착석을 잘하는 학생도 있지만 한 시간에 10번 이상 일어나 교사의 칠판에 와서 기웃거리는 학생도 있습니다.

학생들은 변화가 없는 듯 보이지만 머리카락 자라듯 조금씩 성장합니다. 그러다가 방학이나 긴 연휴를 보내고 나면 다시 머리를 싹둑 자르고 오듯, 초기화되어 학기 초에 보았던 모습으로 되돌아오기도 합니다. 그래도 아주 털끝만큼의 기억은 남아있기를 바라며 다시 새 날을 시작하지요. 반복된 학습을 통해 단기기억이 장기기억으로 넘어가기를 희망합니다. 장기기억으로 넘어가기까지 시간이 오래 걸리지만 노력하면 되는 것들이 참 많습니다.

저는 이런 아이들과 함께하는 교실이 좋습니다. 위와 같이 같은 패턴이 반복되는 대화지만 하루하루가 새롭습니다. 때 묻지 않고 순수한 모습으로 세상을 바라보는 눈을 가진 아이들과 소통하고 성장하는 것은 따론 에너지가 소진되는 것 같고 너가 가르치려는 내용이 전달이 안 되는 것 같아 허탈합니다. 그래도 가끔 배운 내용을 기억하며 느리지만 성장하고 있는 모습을 보여줄 때면, 사막에서 단비를 맞듯 큰 기쁨을 느낍니다. 육아하다가 아이가 웃어줄 대의 그 행복감과 비슷합니다. 학생들드 저를 늘 새롭게 바라보는 것처럼 느껴집니다. 부족한 저의 실수나 가르치는 과정도 아이들은 다 있는 그대로 받아줍니다. 안 웃던 학생이 저를 보고 웃어줄 때, 연필을 잡고 끄적일 때, 한글 모음 'ㅏ'와 'ㅓ'를 구분하여 가방을 받아 쓸 수 있게 되었을 때, 고춧잎나물을 한줄기라도 용기 내 먹었을 때, 하굣길에 들풀을 꺾어 선생님에게 주며 '제 마음이에요' 하면서 마음을 표현해줄 때의 그 행복감은 말할 수 없이 큽니다. 매일 아침 새로운 일상이 펼쳐지는 우리 반이 있어 행복합니다. 오늘의 배움이 오랜 기억으로, 즐거웠던 추억으로 기억되기를 바라는 마음입니다.

3

그들, 나의 선생님

"내가 만난 모든 사람에게서 무언가를 배웠다.
그것이 내가 진정으로 배운 것이다."

랄프 왈도 에머슨

특수교육 분야에 있는 사람들은 모두 천사일까요? 어쩌면 그럴 수도, 아닐 수도 있습니다. 직업적으로는 사명감을 가지고 이 길을 시작한 이들이 많을 것이고, 성향으로 본다면 따뜻하고 이해심 많은 사람들이 많이 모여 있는 분야라는 생각이 듭니다. '누군가를 돕고 싶다'는 마음이 있어야 시작할 수 있는 일이기에. 다른 직업군에 비해 선한 마음을 가진 사람들이 조금 더 많은 곳이 아닐까 생각합니다.

처음 대학교에 들어갔을 때 재활학부로 진학한 저는 1년 간 많은 고민 후, 언어치료학과에 진학하기로 결정하였습니다. 삶을 살아가며 경험을 해보니 특수교육과나 재활학투 등 장애인을 위해 헌신하기로 한 학생들은 대부분은 이해심이 많고 남을 도우려는 마음이 큰 사람들이었습니다. 대부분 성향도 비슷했던 것 같았습니다. 학교에 장애 전형으로 들어온 학생들도 여럿 있었는데 그 학생들을 위해 대필 봉사 및 수화 통역 자원봉사를 하는 학생들도 많았습니다. 그중 청각장애가 있었던 한 언니는 학부에서 인기가 많아 여자 친구끼리도 서로 그 언니와 친구를 하고 싶어 하였을 뿐만 아니라 남학생들도 언니를 많이 좋아했던 기억이 납니다.

　대학 시절 한 학기만 빼고 모두 기숙사 생활을 했는데 기숙사에서 장애가 있는 친구와 같은 방을 쓰기도 했습니다. 어떤 학기에는 같은 방에 뇌성마비가 있는 언니가 있었는데 제가 언니의 옷을 빨아주겠다고 나섰다가 언니의 니트를 건조기에 넣는 바람에 옷을 못 입게 만들었던 일도 있었습니다. 아기 옷처럼 줄어든 옷을 펼쳐 들며 당황스러운 표정을 짓던 언니의 표정이 아직도 생생하네요. 화내지 않고 이해해 준 언니에게 고마웠습니다. 제 첫 남자 친구는 청각장애가 있던 오빠였습니다. 인기가 참 많았습니다. 그 오빠 덕분에 수화도 배우고 청각장애인만 쓴다는 네이티브 수화의 세계를 경험할 수 있었지요. 수화 통역도 재능 기부로 할 수 있었고 노트북으로 수업 시간에 타자해서 노트 정리도 해주었습니다. 수어는 우리가 말하는 국어의 문법 체계와는 또 다른 언어라는 것을 알게 되었습니다. 문법도 다르고 새로운 언어의 세계였습니다. 저뿐만 아니라 제 주변에서 저와 비슷한 경험을 하는 친구들이 몇몇 있기도 했었던 걸 보면 그들 역시 선입견 없이 순수하게 사람을 바라보고, 있는 그대로 받아들일 준비가 되어 있던 사람들이 아니었는지 생각해 봅니다. 그들은 모두 졸업하여 사회에서 선생님으로, 사회복지사로, 교수로, 재활 공학 관련 전문가로, 언어치료사로 각자의 길을 걷고 있습니다.

　학교에서 만난 동료 선생님들도 대학 시절 만났던 동기, 선배들과 다르지 않았습니다. 성격이 나와 맞지 않거나 다른 사람도 있었지만 그래도 장애 학생을 사랑하고 열심히 가르치고 있었습니다. 그중에서 특수교사가 된 사람 중에는 형제자매에게 장애가 있는 경우도 있었습니다. 부모님이 했듯이 자기 형제, 자매를 돌보는 일이 특수교육에 대한 생각으로 이어져, 그 자리로 이끈 것은 아니었을까 생각해 보았습니다. 각자 특수교육으로 자리를 이끈 어떤 계기에 따라 학생을 조금 더 따뜻하게 대하는 선생님도 있고 조금은 엄격하게 대하는 선생님도 있었습니다. 자기 형제나 자매가 떠올라 조금 더 부드러우면서 온정적으로 대하시는 분도 계셨고 그럼에도 사회에 나가기 전 스스로 할 수 있도록 더 돕기 위해 엄격하게 대하시는 분도 계셨습니다. 방식에는 차이가 있지단 학생의 더 나은 삶을 지향한다는 점은 같았습니다.

학교에서 같이 근무했던 한 동료 선생님이 2024년 세상을 떠나셨습니다. 선배 선생님이자 같은 학교에서 근무하는 동료 선생님의 죽음은 그 슬픔과 먹먹함이 유난히 오래 남아있습니다. 돌아가시기 며칠 전까지만 해도 학교에서 마주치면 인사를 드리며 안부를 여쭸는데 어떻게 이렇게 빨리 가셨을까요. 나이로는 아직 한참은 더 오래 근무하실 수 있는데 정말 안타깝기만 합니다. 누구보다 마음이 선하셨고, 누구에게도 기분 나쁜 소리를 전혀 하지 않으셨던 분이었습니다. 말을 걸면 늘 이마에 송골송골 땀이 맺히며 진지하게 대답해 주셨습니다. 오히려 기분 나쁜 말에도 '허허'거리며 웃으시던 착하고 배려가 많으셨던 선생님이었습니다. 죽음과 함께 그 모습은 사라지지만 그 선한 마음은 주변에 오래 남는다는 것을 깨닫게 되었습니다.

돌아보면, 제 주변에는 참 선하고 따뜻한 분들이 많았습니다. 그분들을 떠올릴 때마다 따뜻한 흔적을 남기는 사람이 되어야겠다고 다시 한

번 다짐합니다.

4

함께 나아가는 발걸음

"빨리 가고 싶다면 혼자 가고,
멀리 가고 싶다면 함께 가라."

아프리카 속담

교사의 또 다른 동료, 학부모님과의 협력적인 관계를 위하여

"저기, 얘! 우리 지영이는 어디 있니?"

특수교사가 된 첫해였습니다. 어느 날 수업을 마치고 나오는데 어떤 학부모님께서 저에게 자신의 자녀는 어디에 있는지 물어보셨습니다. 초임 교사였던 저는 자녀의 친구로 착각될 만큼 어려 보였던 모양입니다. 시간이 흘러도 이 일을 떠올리면 절로 웃음이 나곤 합니다. 처음 교사를 시작했을 때 학부모님들은 저의 부모님보다 조금 더 나이가 있었습니다. 당시 학부모님과는 많게는 마흔 살 넘게 차이가 나기도 했습니다. 세월의 간극은 제게 조심스러움으로 다가왔고, 어떻게 다가가야 할지 몰라 늘 어렵고 멀게만 느껴졌습니다. 이제 15년 차가 되면서 학부모님과 나이 차이가 크게 좁혀졌습니다. 이제 저보다 많아야 위로 열 살 정도 차이가 납니다. 그동안 세월의 간극이 많이 좁혀졌음을 느낍니다. 대학 시절, 많게는 열 살 위의 언니들과도 언니! 하면서 친하게 지냈던 기억을 떠올리면 더 그 차이가 얼마 나지 않는 것 같습니다. 조금만 더 시간이 지나면 이제는 저와 나이가 비슷한 학부모님을 만나게 되지 않을까 싶습니다. 그러다 더 시간이 흐르게 되면 저보다 더 나이 어린 학부모님을 만나는 날도 오겠지요? 나이에 따라 학부모님을 대하는 마음가짐도 조금씩 달라지는 것을 새삼 느끼게 됩니다.

세월의 흐름 때문인지 장애가 있는 자녀를 맡긴다는 것에 대한 학부모님의 인식도 예전과 많이 달라졌음을 느낍니다. 자녀의 장애에 대해 훨씬 유연하게 받아들이시고, 사회의 시선 앞에서도 당당해진 모습이 느껴집니다. 사회의 변화나 제도도 한몫했을 것 같습니다. 예전에는 장애가 있는 자녀가 부당한 일을 당했을 때 그 부모님이 제대로 대처하기가 어려웠습니다. 차별적인 대우를 받거나 수치심을 느낄 때에도 속으로 삭히는 일들이 더 많았던 것 같습니다. 아직도 이러한 인식이 남아있긴 하지만 조금씩 우리 사회도, 학부모님의 인식과 태도도 긍정적으로 변화하고 있음을 느끼게 됩니다.

저도 육아를 하며 학교나 어린이집에 자녀를 맡기는 입장이 되어보니 선생님께 감사한 마음과 죄송한 마음이 동반되어 따라다닙니다. 우리 아이가 잘못했을 때 너무 엄하게 하시지는 않을지 걱정되기도 합니다. 집에서 내 아이가 칭얼거릴 때면 저도 모르게 짜증이 나고 숨 쉴 틈이 간절할 때가 많은데 선생님들에게 우리 아이는 어떻게 비칠까 하는 걱정을 마음 한 곳에 두게 되더라고요. 잘못했을 때 당연히 꾸중을 들을 거라는 것을 내심 알면서도 그 사실을 알게 되면 속이 상할 것도 같습니다. 조금은 다정하게 혼내주시길 바라기도 하지요. 학부모의 입장이 되어보니 학생들 학부모님의 마음을 좀 더 많이 헤아릴 수 있게 되었습니다. 선생님이 우리 아이에게 늘 천사 같기를 바라는 건, 어쩌면 너무 비현실적인 기대일지도 모르겠네요.

장애가 있고, 없고를 떠나 학교에 자녀를 맡기는 모든 학부모는 저와 비슷한 마음일 것입니다. 선생님께서 잘 지도해 주시고 사랑해 주시기를 바라겠지요. 양쪽의 입장이 되니 학생을 대할 때, 특히 혼내야 하는 상황에서 학생이 상처받지 않도록 말들을 고르게 됩니다. 감정적으로 대하지 않고 이유를 살피며 객관적으로 지도하려고 노력합니다.

이사 전, 집 인테리어 공사를 한 적이 있습니다. 저의 첫 집이었기 때문에 TV나 SNS에 나오는 멋진 집처럼 우리 집을 예쁘게 꾸미고 싶었습니다. 남편의 반대를 무릅쓰고 기어코 고집을 부려 디자이너를 찾아 하고 싶은 사진들을 스크랩해서 보내드렸습니다. 그분은 저의 의견을 들어줄 때도 있었지만 또 너무 산으로 간다 싶으면 다른 방향을 제시하거나 자신만의 다른 의견을 고수하기도 했었지요. 남편의 의견, 저의 의견, 디자이너의 의견 셋 모두 다를 때는 중간에서 애타는 마음도 들었습니다. 하나의 목표를 향해 함께 나아가더라도, 과정 속에서 충분히 감정이 상할 수 있다는 사실을 알게 되었습니다. 어느 날 친구에게 전화하며 그 디자이너에 대해 험담하고 있는 제 자신을 발견했어요. 입장을 바꿔 생각해보니 그 디자이너가 일부러 저희 집을 엉망으로 만들려고 하지는 않을 테고, 그분 역시 자기 일에 자부심과 책임감을 갖고 일할 것이라는 생각이 들자, 속상했던 마음이 조금씩 가라앉았습니다. 나와 의견이 달라도 상대방의 입장에서 생각해보니 많은 부분을 이해할 수 있게 되었습니다.

요즘 생긴 특수학급에서 일어난 갈등을 돌아보면 학부모님과 교사의 관계도 비슷하지 않을까 생각해 보았습니다. 각자 힘든 마음이 들 때가 있지만 공동의 목표를 생각한다면 감정이 상했을 때도 이성적으로 서로의 마음을 헤아릴 수 있을 거라고요. 서로 아쉬운 마음이 들 수 있지만 결국은 아이의 성장을 위해 부모와 교사가 같은 방향을 바라본다는 사실을 함께 기억하면 좋겠습니다.

우리는 한 팀! 특수교육지도사님, 사회복무요원

교실에는 저에게 꼭 필요하고 없으면 안 되는 존재가 있는데 바로 특수교육지도사님들입니다. 아주 예전에는 이분들이 없었던 시절이 있었는데요. 이는 2008년 시행된 「장애인 등에 대한 특수교육법」(이하 특수교육법)에 근거해 생겨난 제도입니다. 특수교육법 시행규칙에 따르면 특수교육 보조 인력인 실무사는 "교사의 지시에 따라 교수학습 활동, 신변처리, 급식, 교내외 활동, 등하교 등 특수교육 대상자의 교육 및 학교 활동에 대하여 보조 역할을 담당한다"고 되어 있습니다. 경기도는 특수교육실무사에서 특수교육지도사로 용어가 한번 바뀌었습니다.(지역마다 부르는 명칭이 다릅니다.)

처음 이 제도가 생길 때 현장에서는 걱정과 고민이 많았습니다. 교사들 중에는 반대의 의견을 가진 사람이 많았습니다. 수업을 하는데 있어서 교권을 침해한다고 생각했고 누군가가 수업을 지켜본다는 것이 교사 입장에서는 엄청난 부담으로 다가왔습니다. 하지만 막상 이 제도가 도입되고 몇 해의 계도기를 거치고 나서는 예전의 걱정이 기우였다는 것을 깨닫게 되었습니다. 사람과 사람의 만남이기 때문에 갈등관계도 간혹 있긴 하지만, 대부분은 학반 배치 회의를 할 때 서로가 특수교육지도사님을 자신의 반에 배치해달라고 합니다. 그분들이 안 계시면 학급을 운영하기가 어려울 정도니까요. 물론 개인차는 있겠지만 특수교육지도사님이 계시는 쪽이 담임 입장에서는 학급을 운영하는 데 수월한 경우가 많습니다. 모든 특수학급에는 저마다의 고충이 있지만 도울 인력이 부족하기 때문에 학생의 어려운 정도에 따라 우선순위를 매겨 어려운 반 순서로 특수교육지도사를 배치하게 됩니다. 순위에 밀리면 배치를 받지 못하는 경우도 생깁니다.

  특수교육지도사님은 학습 준비물을 만드는 것을 도와주기도 하고 학생들 화장실을 갈 때 뒤처리나 위생 지도도 해주십니다. 식사 지도를 할 때에도 조금 느리게 먹거나 잘게 잘라 먹어야 하는 학생이 있으면 미리 식판을 받아 잘게 잘라 먹을 수 있도록 도움을 주십니다. 수업을 할 때도 담임교사의 수업에 못 따라가는 학생을 옆에서 도와주시기도 합니다. 담임교사 혼자 6~7명의 학생을 감당하다 지도사님이 오시면서 교사는 수업을 보다 집중해서 할 수 있게 되었고 전체적인 학급 운영이 수월해졌습니다. 혼자 담임을 할 때는 화장실도 못 간 적이 많았습니다. 특수교육법이 개정되기 전에는 한 교실에 열 명의 학생이 있는 경우도 많았다고 선배 선생님들에게 이야기를 들었습니다. 하루 종일 학생들 화장실만 뒤처리하다가 수업이 끝났던 날도 있었다고 합니다. 이처럼 교사 혼자서는 학생들 모두에게 골고루 손길이 닿기가 어렵고, 그렇다고 한명씩 지도를 하게 되면 시간이 훨씬 많이 걸리게 됩니다. 이 학생을 잡아줘야 하는데 한 학생을 붙잡아야 하는 순간, 다른 학생이 저만치 달려 나가면 머릿속이 하얘지고 발만 동동 구르게 됩니다. 그러니 지도사님이 계셔주시는 게 얼마나 감사한지요.

  아주 예전에는 교사가 화장실에 가서 한 학생의 뒤처리를 해주는 동안 교실에 남은 학생들은 방치되기 일쑤였는데, 지도사님이 계신 이후로는 지도사님이 한 명의 학생을 데리고 화장실에 다녀오는 동안 교사는 교실의 아이들을 지도하거나 살필 수 있습니다. 원활하게 학급이 운영될 수 있도록 윤활유 역할을 톡톡히 해주십니다. 수업 후에는 교실 정리도 해주시니 교사는 수업 준비나 업무에 집중할 수 있게 됩니다. 학생을 위해서, 또 선생님을 위해서도 꼭 계셔야 하는 분들입니다.

지도사님을 배정받지 못한 반에는 학교에 배치된 사회복무요원이 배정되기도 합니다. 사회복무요원분들은 대부분 대학생으로 관련 전공자인 경우도 종종 있습니다. 전공을 한 경우에는 복무기간이 전공에 대한 경험도 쌓고 장애에 대해 미리 깊이 이해할 수 있는 계기가 되기도 합니다. 전공을 하지 않았더라도 학생들을 만나며 장애에 대한 선입견을 버리게 되고 이해가 높아져서 보다 넓은 시야를 가진 사람으로 성장하는 계기가 되는 것 같습니다. 학생들과 생활하면서 장애인에 대한 인식이 긍정적으로 변화하는 것을 느낄 수 있었습니다. 어떤 사회복무요원은 아예 진로를 사회복지 분야로 바꾸기도 했습니다.

예전에 학교에 근무했던 사회복무요원분들이 이제 사회에 나가 취업을 하고 각자 자리에서 맡은 일을 열심히 하고 있다는 소식을 종종 듣고 있습니다. 모두 한결같이 입을 모아 특수교육 대상 학생들과 함께했던 시간이 정말 행복했던 시간이었다고 말합니다. 우리나라에 이렇게 장애인이 많았다는 것도 새삼 새롭게 알게 되었다고 알려주었습니다. 사회복무요원이 특수학교에 배치되는 것도 장애에 대한 인식개선에 정말 많은 영향을 주는 것 같습니다.

그 이야기를 듣고 저도 학교에서 사회복무요원분들과 근무를 하게 된다면 보다 더 좋은 교사의 모습으로 학생들을 대해야겠다고 생각합니다.

5

우리만 아는 이야기

"두 사람 사이를 가장 가깝게 만드는 것은
하나의 이야기이다."

패티 다이

왜 저만 어려운 반을 맡나요
– 서로가 느끼는 고충에 대하여

 청소년기가 되면 이차성징이 나타나고 키와 체격이 급격히 성장하는 등 신체 변화가 두드러집니다. 특수교육 대상 학생들 역시 사춘기가 되면 신체에 변화가 생기는데 또래와 비슷하게 성장합니다. 장애의 영향으로 신체의 성장에도 개별적인 속도의 차이가 있으나 몇몇 케이스를 제외하면 대부분 여느 아이들과 비슷하게 성장합니다.

 중학생이 되면 갑자기 키가 쑥 자라거나 몸무게가 늘어 웬만한 성인 체구로 자라는 학생들도 많습니다. 여학생도 비슷하게 성장하지만, 남학생의 신체 변화는 더 큽니다. 하루가 다르게 크고 변화하는 모습이 눈에 띕니다. 신체의 성장이 이루어지는 만큼 정신적인 부분도 동일하게 성장하면 좋겠지만 발달장애가 있는 학생들의 경우에는 조금 다릅니다. 신체의 속도에 정신적인 속도가 맞춰지지 않기 때문에 성숙한 행동을 기대할 때 실망하는 경우가 많습니다. 어떤 학생은 퇴행하기도 하고, 어떤 학생은 유아기 어느 시점에 머물러 있기도 합니다. 그러다 보니 학생마다 케이스는 다르겠지만 소통이 잘 안되거나 자신이 하고 싶은 것을 못 하는 경우가 생기면 선생님이나 같은 반 친구를 공격하기도 합니다. 예전에는 이러한 행동을 '문제행동'이라고 불렀으나 최근에는 '도전 행동'이라 부릅니다.

어떤 반에 몸무게가 100kg 넘게 나가면서 키도 175cm가 넘는 남학생이 있다고 가정합시다. 이 학생은 화가 났을 때 교사를 때리거나 침을 뱉는 행동을 합니다. 이런 공격행동이 시작되면 다른 5~6명의 학생도 수업받지 못하고 수업이 중단된 채로 머물게 됩니다. 공포 분위기에 휩싸여 있기 때문에 선생님은 다른 학생도 보호해야 하고 본인도 보호하면서 도전 행동을 한 학생이 진정할 수 있도록 방법을 찾아 도와주어야 합니다. 여자 선생님의 경우에는 더욱 힘으로 감당하기가 어려운 상황입니다. 그럴 때는 조금이라도 더 힘이 센 남자 선생님에게 도움을 요청하게 됩니다. 이렇게 어려운 학생이 있는 경우 항상은 아니지만 그래도 대부분 남자 선생님이 담임을 맡게 됩니다. 이런 상황이 반복되면 고충이 생깁니다. 여자 선생님은 쉬운 반을 맡고 남자 선생님은 어려운 반을 맡는다는 인식이 생기고 한쪽에서는 이를 당연하게 여기는 상황이 될 수가 있기 때문입니다.

이번에는 제가 몇 년 전에 맡았던, 휠체어를 타는 여학생 둘이 있는 반을 예로 들어보겠습니다. 이 학생들은 하루에 2~3번 정도 기저귀를 갈아주어야 했습니다. 이것은 공격성과는 또 다른 어려움입니다. 최소 한 명 이상의 추가적인 도움이 필요합니다. 두 사람이 함께해도 허리가 뻐근하게 아프고 몸에 무리가 갑니다. 허리를 숙일 때마다 더 조심해서 자세를 잡지만 반복되면 학생이 아무리 가벼워도 제 몸 여기저기에 파스를 붙이는 경우가 더러 생깁니다.

이렇듯 특수학교에서 '쉬운 반'과 '어려운 반'을 명확히 구분하는 것은 쉽지 않습니다. 쉬운 반이라고 생각하는 반도 평온하다가 갑자기 어떤 문제가 발생할지 모르기 때문에 어느 반이든 문제가 발생할 잠재성은 내재해 있습니다. 더군다나 사람마다 생각하는 게 다르기 때문에 어떤 선생님은 도전행동을, 또 어떤 선생님은 휠체어 탄 학생들을 더 어렵게 생각할 수 있습니다. 결국 중요한 것은 다양한 종류의 어려움이 있음을 인지하고, 서로가 처한 상황에 대해 이해하려 노력하면서 힘든 점을 보완해 나가는 것이 아닐까 싶습니다.

말은 쉽지만 사실 너무 쉽지 않은 서로의 고충들입니다. 어떻게 해결하면 좋을지에 대한 고민이 계속 맴돌게 될 것 같습니다.

특수학교에도 비교는 있습니다

일반학교에서는 시험이나 수행평가를 통해 학생들의 성적이 매겨지고, 학생들 사이에서도 보이지 않는 '등수'가 머리 위에 둥둥 떠다니는 것처럼 느껴지곤 합니다. 요즘 학생들이 공부를 잘하는 친구를 어떤 시선으로 바라보는지는 잘 모르겠지만, 제가 학교에 다닐 때만 해도 공부를 잘하는 친구는 늘 선생님의 칭찬을 받는 존재였습니다. 심지어 잘못을 하더라도, 평소에 성실한 학생이라면 선생님께서는 "오늘은 뭔가 컨디션이 좋지 않았나 보다"라며 이해해 주셨습니다. 한두 번의 실수쯤은 눈감

아주셨지요. 모범생에게는 늘 신뢰가 따랐고, 그러므로 평소와 다른 행동을 보일 때면 오히려 '무슨 이유가 있었을 거야' 하고 두둔해 주는 분위기가 형성되곤 했습니다.

저 역시 교사가 되고 보니, 학생을 평가할 때 학업 성취 외에도 태도와 성실함이 얼마나 크게 작용하는지 새삼 느낍니다. 아이가 얼마나 꾸준히 노력했는지, 하루하루 얼마나 열심히 살아가고 있는지를 알게 되면, 어느새 그 학생에게 조금 더 너그러워지는 저 자신을 발견하곤 합니다. 돌이켜보면 저도 학창 시절, 잘하는 친구들을 보며 속으로 비교하곤 했습니다. "같은 시간을 공부했는데 왜 나는 성적이 잘 안 나오지?", "타고난 머리가 다른 걸까?" 하고 스스로를 자책했던 순간들도 있습니다. 칭찬받는 친구와 나 자신 사이에 간격을 느끼며, 보이지 않는 경쟁의 장 속에서 자신을 평가했던 것 같습니다.

이러한 비교는 학생들 사이에서만 있는 것이 아닙니다. 학부모님들 사이에서도 보이지 않는 경쟁과 정보전이 치열하게 이루어집니다. 요즘은 학교에서의 성적으로는 비교가 어려우니, 누가 더 좋은 학원에 다니는지, 어느 아이가 무슨 수업을 듣는지 등 사교육 정보를 중심으로 비교가 이루어지는 경우가 많습니다. 학부모님들 사이에서는 "ㅇㅇ네는 어디를 다닌다더라", "정보를 공유하지 않는다더라"라는 이야기가 오가고, '엄마의 정보력'과 '할아버지의 재력'이 아이의 미래를 좌우한다는 말까지 나올 정도입니다.

그렇다면 특수학교는 과연 이 비교의 문화에서 자유로울까요?

안타깝게도 그렇지 않습니다. 특수학교에도 비교는 분명히 존재합니다. 다만 그 기준이 다를 뿐입니다. 일반학교에서 시험 점수나 등수가 비교의 잣대라면, 특수학교에서는 '할 수 있는 것'과 '하지 못하는 것'이 비교의 기준이 됩니다. 특수학교 학생들은 장애의 유형도, 정도도 모두 다릅니다. 같은 지적 장애 진단을 받았더라도 발화 능력, 인지 수준, 감각 특성 등은 모두 제각각입니다. 그런데도, 학교 안팎에서는 종종 보이지 않는 비교가 이루어지곤 합니다. 특수학교 내에서 예술적 능력이 있는 학생은 오케스트라에 참여하여 재능을 발휘하기도 하지만 상대적으로 장애가 더 무거운 학생의 경우, 부모님은 '우리 아이는 저런 건 못 하겠구나' 하며 마음속으로 비교하시기도 합니다. 그래서인지 저 역시 누군가의 성취를 전할 때면 늘 한 번 더 생각하게 됩니다. 혹시 다른 어머님들이 속상해하시진 않을까, 그 기쁨이 누군가에겐 무거운 소식이 되진 않을까 싶어 조심스러워집니다. 기쁜 소식일수록 말 한마디 꺼내는 것도 더 조심스러워지고, 그만큼 더 조용히 지나가게 됩니다.

　이런 비교가 학생보다 부모님의 마음에 더 깊은 슬픔을 남길까 봐 걱정됩니다. 그러나 생각해 보면, 누구나 다 같은 속도로 자라고, 같은 방식으로 표현하지는 않습니다. 누군가는 음악으로, 또 누군가는 말 없는 따뜻한 미소로, 자신만의 방식으로 세상과 소통하고 있습니다. 비교는 누구나에게 생기는 자연스러운 감정이지만, 그것이 아이를 바라보는 유일한 기준이 되어서는 안 됩니다. 특히 특수교육 대상 학생에게는 '무엇을 할 수 있는가?'보다는 '얼마나 성장하고 있는가?'를 함께 바라보는 시선이 필요합니다. 눈에 띄는 성취가 없더라도, 한 걸음 더 나아간 그 자체가 큰 발전이기 때문입니다. 어디에서나 비교는 존재합니다. 하지만 그 비교가 서로를 밀어내는 벽이 되지 않도록, 아이들의 다름을 있는 그대로 인정하고 응원하는 분위기가 무엇보다 필요합니다. 특수학교라고 해서 비교로부터 자유롭지는 않지만, 우리는 그 속에서도 비교보다 '이해'와 '관계'로 이어지는 따뜻한 교육 문화를 만들어가면 좋겠습니다.

꽃잎 하나　특별한 교실, 특별한 만남

꽃잎 둘

다채로운 꽃잎,
장애를 이해하는 시간

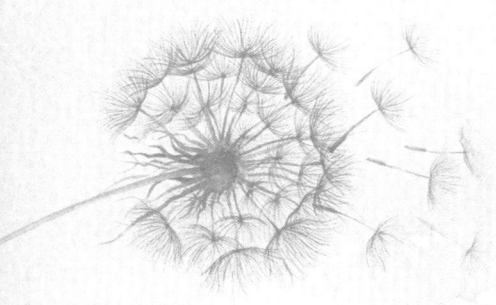

1. 멈추지 않는 호기심, 지적 장애
2. 세상과 조금 다른 목소리, 자폐 스펙트럼 장애
3. 마음의 파도, 정서 및 행동 장애
4. 글자 속 숨겨진 보물, 학습 장애
5. 세상을 느끼는 방법, 감각 장애
6. 눈빛으로 알 수 있어요, 뇌병변 장애

1

멈추지 않는 호기심, 지적 장애

"매일 1%씩 더 나아져라.
그게 전부다."

크리스 니키치

예전에는 '지적장애(Intellectual Disability)'가 아닌 '정신지체(Mental Retardation)'라는 용어를 사용하였습니다. 'Retarded'라는 단어에는 저능아, 바보, 멍청이', 덜떨어진 사람처럼 부정적인 의미가 많아, 미국 사회에서도 그 이미지가 매우 좋지 않았습니다.

2003년, 미국의 유명한 그룹 블랙 아이드 피스(Black Eyed Peas)는 〈Let's get retarded〉라는 곡을 발표했는데, 경쾌한 리듬으로 인해 세계적으로 큰 인기를 끌었습니다. 곡의 제목에는 '정신을 놓고 미쳐보자'는 의미가 담겨 있었지만, 'retarded'라는 단어 사용에 대한 비판이 이어졌습니다. 장애인에 대한 비하적 인식을 조장한다는 사회적 지적 때문이었습니다. 결국 1년 뒤 이 곡은 〈Let's get it started〉라는 제목으로 다시 발표되었고, 훨씬 더 큰 사랑을 받았습니다.

이러한 움직임은 장애에 대한 인식을 다시 돌아보게 했던 것 같습니다. 비슷한 시기인 2004년 미국의 지적 및 발달장애 협회(American Association on Intellectual and Developmental Disabilities: AAIDD)를 중심으로 용어가 개정되었으며, 2007년에는 우리나라에서도 '지적 장애'라는 명칭으로 변경되었습니다. 실제로 미국의 특수교육 이론은 우리나라에 그대로 영향을 주는 경우가 많기 때문에 관련 제도나 용어도 비슷한 흐름으로 정착되곤 합니다.

우리나라의 「장애인 등에 대한 특수교육법」에서는 지적 장애를 '지적 기능과 적응행동상의 어려움이 함께 존재하여 교육적 성취에 어려움이 있는 사람'이라고 정의하고 있습니다.

미국 AAIDD의 정의에 따르면, 지적 장애란 지적 기능성과 개념적·사회적·실제적 적응 기술로 표현되는 적응행동 두 영역 모두에서 심각한 제한을 보이는 상태로, 반드시 발달 시기(22세 이전)에 시작되어야 합니다. 예전에는 발달 시기를 18세 이하로 보았지만, 현재는 행정적 서비스 지원 기준과 일치시키기 위해 22세 이하로 조정되었습니다.

미국 AAIDD의 정의를 적용하기 위한 전제 조건도 명확하게 제시되어 있습니다.
첫째, 평가는 타당해야 하며,
둘째, 개인은 제한성만이 아닌 강점도 함께 가지고 있어야 하고,
셋째, 제한성을 기술하는 목적은 개인에게 필요한 지원을 파악하기 위한 것이어야 하며,
넷째, 적절한 지원이 장기간 제공된다면 생활 기능은 향상될 수 있다는 믿음이

포함되어야 합니다.

이러한 철학은 단지 '진단받은 사람'이 아니라, '지원이 필요한 한 사람'으로 이해하려는 시각의 변화이며, 이는 교육, 복지, 사회 전반에 걸쳐 매우 중요한 기준이 됩니다.

지능은 일반적으로 표준화된 지능검사에서 IQ 70 이하를 기준으로 합니다. 그러나 지능 점수만으로 지적 장애를 판별하지는 않습니다. 반드시 적응행동의 어려움이 함께 있어야 하며, 반대로 지능은 낮더라도 일상생활에 별다른 어려움이 없다면 지적 장애로 진단되지 않습니다. 예를 들어, IQ가 68이거라도 생활에서 필요한 사회성이나 자기관리, 의사소통 기능이 전반적으로 잘 유지된다면 지적 장애로 분류되지 않습니다. 반대로 지능은 평균이지만 사회적 상호작용이나 실제적 기능에서 심각한 제한이 있다면 역시 지적 장애가 아닙니다. 두 기준이 모두 충족되어야 진단이 가능합니다.

적응행동은 일상생활을 살아가는 데 필요한 기술로, 의사소통, 자기 관리, 사회적 기술 등이 포함됩니다. 사회적 지능과 실제적 지능 역시 이 범주에 포함되며, 사회적 지능은 예를 들어 타인의 감정을 읽거나 거짓말에 속지 않는 능력을 말하고, 실제적 지능은 대중교통 이용이나 인터넷 활용처럼 실생활의 문제를 해결하는 능력을 의미합니다.

표준화된 적응행동 검사를 통해 세 개 영역(개념적, 사회적, 실제적) 중 최소 한 개 영역에서 표준편차 2 이하의 점수가 확인되어야 지적 장애로 간주됩니다.

개념적 적응행동: 언어이해와 표현, 읽기, 쓰기, 시간·돈 개념, 자기 지시 능력 등
사회적 적응행동: 타인과의 관계, 책임감, 자존감, 규칙 준수, 속지 않는 능력 등
실제적 적응행동: 식사, 의복, 화장실 사용 등 기본 일상생활 기술에서, 교통수단 이용, 약 복용, 전화 사용 등 도구적 활동까지 포함

미국정신의학회는 DSM-IV(정신장애 진단 및 통계편람 제4판)에서 '정신지체'를 다음과 같이 정의하였습니다.
① 지능검사에서 평균 이하의 지적 기능(IQ 약 70 이하)
② 적어도 두 가지 이상의 적응 기능 영역에서의 제한
③ 18세 이전에 시작된 발달상의 문제

과거에는 '정신지체'를 가벼운 정도(지능지수 50~70), 중간 정도(35~55), 심한 정도(20~40), 아주 심한 정도(20 이하)로 구분하기도 하였습니다. 그러나 현재는 지원의 정도와 개인의 기능에 기반한 평가가 강조되며, 단순히 수치로만 장애의 범주를 나누는 접근은 줄어들고 있습니다.

출처: 이소현, 박은혜(2025), 특수아동교육 4판 p.130-133, 학지사

지적 장애가 있는 학생들은 교실에서 분위기 메이커 역할을 하는 경우가 많습니다. 특히 다운증후군을 지닌 학생들은 흥이 많고 유쾌한 기질을 지닌 경우가 많아, 교실에 자연스럽게 활기를 불어넣습니다. 모방 능력이 뛰어나 유행하는 가수나 노래를 잘 알고, 춤을 곧잘 따라 하기도 합니다. 고집스러운 면도 있지만, 온순하고 귀여운 면모가 자주 보이며, 예능감이 풍부한 아이들이 많아 친구들과 선생님 모두에게 웃음을 주고 관계의 중심이 되어 주곤 합니다.

다운증후군(Down Syndrome) 학생들은 외형적으로 서로 비슷한 특징을 보이는 경우가 많습니다. 낮은 콧대, 둥글고 납작한 얼굴, 양 눈 사이가 멀어 보이고 위로 올라간 눈꼬리, 일자로 이어진 손금 등으로 나타납니다. 또한 혀가 두껍고 입천장이 좁은 경우가 많아 발음이 어눌하거

나 말을 더듬기도 합니다. 체형은 초등학생 시절에는 또래와 큰 차이가 드러나지 않지만, 중·고등학생이 되면서 키가 또래에 비해 덜 자라거나, 비만이 나타나는 경우도 있습니다. 전체의 40%정도는 선천적으로 심장에 이상이 있기도 합니다. 하지만 실제로 가까이서 아이들을 들여다보면, 겉모습이 비슷한 듯해도 모두 다르게 생겼다는 걸 느낄 수 있습니다. 부모님의 얼굴이 떠오르기도 하고, 어떤 아이는 엄마의 미소를, 또 어떤 아이는 아빠의 눈매를 닮아 있기도 합니다. 같은 진단명을 가졌지만, 아이들은 저마다 하나뿐인 존재로, 각자의 표정과 분위기를 지녔습니다.

함께 지내다 보면 곁에 와서 툭 앉거나, 눈을 마주치며 조용히 손을 잡아주는 아이들. 그 따뜻함은 마치 시골의 할머니나 할아버지를 떠올리게도 합니다. 정이 많고, 푸근하며, 편안하고, 무엇보다도 사랑을 나누는 데 인색하지 않은 아이들입니다. 물론 모든 아이가 흥이 많고 밝은 기질을 가진 것은 아닙니다. 열 명 중 두 명 정도는 내성적이거나 우울한 모습을 보이고 쉽게 마음을 열지 않는 경우도 있었습니다. 그러나 시간이 흐르고 함께 지내다 보면, 서서히 마음의 문을 열고 다가오는 모습을 볼 수 있습니다. 그렇게 대부분의 다운증후군 학생들은 정 많고 따뜻한 매력을 지닌, 사랑스러운 아이들이었습니다.

다운 증후군은 21번 염색체가 한 개 더 많은 세 개가 존재하여 지적 장애, 신체기형, 전신기능이상, 성장장애를 일으키는 유전질환입니다. 세 개가 되는 삼체성, 21번 염색체가 전위되는 전위성(21번 염색체가 다른 염색체와 결합하거

나 21번 염색체끼리 결합되어 한 개의 염색체 처럼 존재하는 경우), 이상 염색체 세포와 정상 염색체 세포가 섞여 존재하는 모자이크성이 있습니다. 결국 21번 염색체의 양이 정상보다 많아지게 됩니다. 이로 인해 21번 염색체가 존재하는 신체 전반에 걸쳐 구조 이상과 기능 이상이 발생합니다. 21번 염색체가 세 개 있는 삼체성이 전체의 95% 정도를 차지합니다.

출처: 서울아산병원, 질환백과 https://www.amc.seoul.kr/asan/healthinfo/disease/diseaseDetail.do?contentId=32352&utm

취약 엑스 증후군(Fragile X Syndrome)으로 인해 지적 장애가 있는 하민이는 한글을 단어 수준으로 읽을 수 있었지만 자음과 모음을 자주 헷갈려 하곤 했습니다. 성격이 급하고 학습에 어려움이 있었지만 수업 시간에 의욕이 넘치고 묻는 말에 대답을 아주 잘해주었습니다. 매일 식단에 대해 질문을 하기도 하며 자신이 몇 호차를 타고 집에 가며, 어디에서 내리는지 한 시간에 다섯 번은 물어보았습니다. 화가 날 때는 깨물려고 하는 모습을 보이기도 하고 상대방을 밀기도 하였습니다. 수업하는 40분 동안 열 번 이상 일어나 과제에 집중하는 것이 어려웠습니다. 화장실에 자주 가는 모습을 보였고 간혹 속옷에 실수를 하는 경우도 있었습니다. 학생을 의자에 앉도록 하는 것이 개별 목표 중 하나가 되기도 하였습니다. 학생이 집중할 수 있는 과제를 찾다가 결국은 학생이 좋아하는 것을 제공했을 때 잘 집중하는 모습을 볼 수 있었습니다. 그 중에 몇 가지는 책 읽기와 보드게임, 역할 놀이였습니다. 그림책을 함께 고르고 읽으면 책을 다 읽을 때까지 앉아서 듣고 질문을 하였습니다. 기분이 좋을 때는 손을 털거나 흔들기도 하였습니다. 하민이에게 무조건 앉으라고 하는 것은 답이 아님을 배우고 깨닫게 되었습니다.(그래도 '앉아!'라고 말할 때도 많았습니다.)

취약X증후군(Fragile X Syndrome)은 X 염색체의 FMR1 유전자에 CGG 반복서열(CGG trinucleotide repeat)이 정상(5~44회)보다 훨씬 많이 반복(200회 이상) 확장되면서 발생하는 유전성 발달장애입니다. 이로 인해 FMRP 라는 단백질 생성이 결핍되거나 억제되어 뇌 발달과 신경 기능에 영향을 줍니다. 취약X 라는 이름은 염색체를 현미경으로 관찰할 때 X 염색체 끝부분이 마치 '부서질 듯한(fragile)' 모양을 보이는 데서 유래했습니다. X 염색체가 하나뿐이므로 남성에서 더 심한 증상을 보이는 경향이 있습니다. 어머니가 변이 유전자를 보유하면 아들과 딸 도두에게 유전될 수 있지만, 아들은 단일 X 염색체를 가지므로 증상이 더 심하고 딸은 두 개의 X 염색체 중 정상 우전자가 일부 보완 역할을 할 수 있어 증상이 경미하거나 없는 경우도 있습니다.

출처: National Organization for Rare Disorders, https://rarediseases.org/rare-diseases/fragile-x-syndrome/

프래더-윌리증후군(Prader-Willi Syndrome)으로 인한 지적 장애가 있던 지민이는 말도 잘하고 지능으로는 경계선에 해당했습니다. 한글도 잘 이해하고 글씨도 잘 썼습니다. 무엇보다 언어 구사력이 뛰어났습니다. 즉석 삼행시를 참 잘 지었습니다. 순간 운을 띄워주었을 때도 표현의 완성도와 순발력이 저보다 훨씬 나았습니다. 다만 음식에 대한 집착

이 너무 강하여 어려움이 있던 학생이었는데요. 초등학생 때보다 중·고등학생이 되면서 식욕이 더 폭발하게 되었고 스스로 조절하는 것이 어려웠습니다. 교실에서도 음식을 조절하는 부분에서 저와 갈등이 생기곤 했습니다. 식욕 통제를 조금 도와주고자 식단일기를 같이 썼는데 그 방법이 오히려 더 식욕에 대한 갈급을 자극했던 건 아니었는지 종종 되돌아볼 때가 있습니다. 학생은 자신이 적은 식단 일기를 보며 뿌듯해 하는 모습도 보여주었지만 꾹꾹 참아 눌러둔 식욕이 한꺼번에 터지며 폭발적으로 식사를 하기도 했습니다. 식단일기를 통해 먹는 양을 스스로 알아보고 메뉴를 적는 것까지는 좋았지만 어느 순간 식단일기장이 먹고 싶은 메뉴를 생각하는 음식 버킷리스트 일기장으로 탈바꿈 하였습니다. 차라리 양껏 급식을 먹되 채소를 포함해서 골고루 먹도록 하고 걷기, 등산 등 매일 운동을 하도록 도와주었다면 어땠을까? 하고 생각해봅니다. 그 후로 며칠 더 폭식을 했지만 다시 원래 먹던 양으로 돌아왔습니다. 그 후로 저는 식욕 통제에 대한 부분은 더 각별히 유의해서 지도해야겠다는 다짐을 하게 되었습니다.

다른 프래더-윌리증후군 학생 봉식이는 제 책상을 치워주는 척하면서 무슨 음식이 있는지 살펴볼 때가 많았습니다. 간식이 보이면 "선생님 그게 뭐예요?" 하며 관심을 보이곤 하였습니다. 학생은 급식에서 정해진 양만 먹었지만 교실에 돌아와 추가로 간식을 먹기도 했고 제 책상을 치워주는 척하면서 자신도 모르게 제 물이나 커피가 있는 쪽으로 손을 뻗어 마시기도 했습니다. 가끔씩 책상 구조가 달라지는 느낌이 들어 유심히 살펴보았는데 점심시간쯤 지나 텀블러 위치가 바뀌어 있는 것을 보고 학생이 커피를 마셨다는 것을 알아차리게 되었습니다.

프래더-윌리 증후군(Prader-Willi Syndrome)은 15번 염색체 장완 근위부 (15q11-13)에 결손을 포함한 유전자 이상으로 발생합니다. 이로 인해 시상하부 기능에 장애가 발생하는 질환으로 연령과 개인에 따라 나타나는 증상은 다릅니다. 그러나 일반적으로 저신장, 근육 저긴장, 수유 곤란, 발달장애, 지능 장애, 작은 손발, 성장호르몬 결핍증, 시상하부성 생식샘 저하증, 과도하고 억제되지 않는 식욕, 비만, 당뇨병 등이 나타나는 유전 질환입니다. 식사 제한 시 분노가 폭발하는 경우가 있고, 낮에도 졸려하는 모습을 보입니다.

출처: 네이버 지식백과. 프래더-윌리 증후군. 서울대학교병원 의학정보. https://terms.naver.com/entry.naver?docId=926666&cid=51007&categoryId=51007

장애 학생의 졸업 후 진학

장애 학생들은 장애 정도에 따라 선택 할 수 있는 일이 많은데, 대학교 또는 전공과 진학 외에도, 학교 내 일자리, 사무보조, 어린이집 보조, 학교 통학 버스 지도원, 대기업 청소 용역, 제지 회사, 제과 제빵 업무, 대학 병원 사무 보조, 어린이집 업무 보조 등 다양한 곳에 취업 할 수 있습니다. 요 근래에는 기업과 복지관의 연계 프로그램으로 스포츠 장학생, 예능 장학생을 선발하여 이와 관련된 훈련을 하는 일도 많아졌다고 합니다. 하지만 취업보다 더 중요한 것은 취업 이후 직장생활을 오래 유지하는 것 입니다. 취업 후 실업을 하는 학생의 소식을 많이 들었기 때문에 사후 지도가 필요하다고 봅니다.

* (주)이수매니지먼트: 학교법인 이화학당의 자회사로, 이화의 창립정신을 실천하며 발달장애인과 비장애인이 함께하는 일터라고 합니다.
제과팀, 이화상점, 의료원팀 등으로 구성되어 있습니다. 제과팀에서는 마들렌, 말차 초코칩 쿠키, 파운드 케이크 등을 생산하며, 이화상점팀에서는 온·오프라인으로 이 제품들을 판매합니다. 의료원팀에서는 이대서울병원 또는 이대목동병원에서 휠체어 소독을 하여 제자리에 비치하고 환자들의 검체를 운반하는 일, 주사실 소독 등을 하며, 관리팀의 사무 보조를 돕고 있습니다.

* 네이버핸즈: 네이버핸즈는 네이버의 자회사형 표준사업장입니다. 네이버 및 네이버 계열 법인의 근무하는 공간 내 임직원 편의 시설(카페 커피머신 및 원두 관리, 편의점 업무, 화분관리 등)을 직접 운영하고 있으며, 발달 장애인이 진정한 사회적 자립을 이룰 수 있도록 돕고 장기적으로 근무할 수 있는 안정적인 일자리를 발굴하여 제공하는 것을 목표로 합니다.

2

세상과 조금 다른 목소리, 자폐 스펙트럼 장애

"다르지만 부족하지 않다."

템플 그랜딘

　자폐 스펙트럼(Autism Spectrum Disorders:ASD)은 이름처럼 그 범위가 정말 넓습니다. 처음 이 이름을 들었을 때 무릎을 탁! 쳤습니다. 이름 참 잘 지었네 하고요. 스펙트럼이라는 용어는 범위나 연속성, 다양성 등 여러 의미를 내포하는데, 여기서는 다양성에 초점을 맞추어 장애의 특성이 경미한 상태부터 조금은 심한 상태까지 다양한 형태로 나타날 수 있음을 의미합니다. 범위가 넓은 장애의 특성을 잘 표현한 이름이라는 생각이 듭니다.

　자폐성 장애 학생을 생각하면 저는 〈나니아 연대기〉라는 동명 소설 원작의 영화가 떠오릅니다. 2차 세계대전 시절, 네 명의 남매가 친척 집에 오게 되는데 숨바꼭질을 하다가 막내 루시가 옷장 속으로 숨어 들어갑니다. 들킬까 봐 조금씩 뒷걸음을 치는데 이상하게 옷장이 막혀있지 않고 어디론가 연결되어 있는 것을 발견합니다. 그 길을 통과하니 눈밭이 가득한 세상이 펼쳐집니다. 네 명의 남매는 새로운 세상인 '나니아'에서 각자 주어진 일들을 맡아 해결하며 왕자와 공주가 되어 갑니다. 개인적으로 아주 좋아하는 영화인데 자폐 스펙트럼 학생들을 만날 때마다, 그들이 제가 잘 이해하지 못하는 어떤 다른 세상에서 살고 있는 것은 아닐까 하는 생각이 들 때가 있어 이 영화가 떠오릅니다. 어쩌면 이 아이들은 진단 기준에서 말하는 제한된 사고를 하는 것이 아니라 새롭고 재미있는 이야기가 펼쳐지는 그들만의 커다란 다른 세상에 살고 있을지도 모른다고요. 그 세상에서 살다가 제가 사는 세상에 맞춰 살자니 얼마나 힘들까 싶습니다. 소통이 힘든 이유는 각 개인이 갖고 있는 세상이 다르기 때문 아닐까요.

제가 만난 자폐 스펙트럼 장애 학생 대부분은 자신만의 세상에서 나와 소통의 정점을 찾기까지 시간이 걸립니다. 함께 소통하면서 그 아이만의 세상을 알게 되면 그 학생이 얼마나 사랑스러운지 모릅니다. 누구나 자기만의 세상이 있는데 살면서 세상과 나를 타협하기도 하고 맞춰 살아가지만, 자폐 성향을 가진 친구들은 뇌의 어떤 회로의 영향 때문인지 상대에 대한 공감이 어렵고 소통이나 관계 맺음이 어렵습니다. 그래서 같이 시간을 보내며 어떤 부분에서 어려움을 느끼는지 찾고 세상과 소통할 수 있는 방법을 알려주려고 노력합니다. 하나하나 가르쳐주어야 합니다. 그 소통의 지점을 찾는 방법 중 하나는 학생이 좋아하는 것을 아는 것입니다.

자폐범주성 장애의 진단기준은 미국정신의학협회(American Psychiatric Association: APA)의 DSM-5-TR을 따릅니다.

자폐성 장애(자폐 스펙트럼 장애, Autism Spectrum Disorder)는 사회적 의사소통 및 상호작용의 결함과 제한적이고 반복적인 행동 양상이 함께 나타나는 신경발달장애로, 다음의 기준을 충족할 때 진단됩니다.

첫째(A), 다양한 환경에서 일관되게 나타나는 사회적 의사소통 및 사회적 상호작용의 지속적인 결함이 있어야 합니다. 이는 다음 세 가지 영역에서 모두 확인되어야 합니다.

사회-정서적 상호성의 결함: 예를 들어, 비전형적인 대화 시작과 유지의 어려움, 감정·관심사 공유의 감소, 사회적 접근에 대한 반응 실패 등이 포함됩니다.

사회적 상호작용을 위한 비언어적 의사소통 행동의 결함: 눈맞춤, 얼굴 표정, 몸짓 사용 등의 비언어 행동의 부족 또는 사용의 미숙함이 이에 해당합니다.

관계 형성 및 유지의 어려움: 다양한 사회적 상황에 적절하게 행동을 조정하는 능력 부족, 친구 사귀기의 어려움, 또래와의 상호작용에 대한 관심 결여 등이 관찰됩니다.

둘째(B), 제한적이고 반복적인 행동이나 관심, 활동 양상이 적어도 두 가지 이상 나타나야 하며, 이는 현재 또는 과거력에서 다음 중 일부로 확인됩니다.

반복적이고 상동적인 운동 행동, 물건 사용, 말하기(예: 손 흔들기, 줄 세우기, 반향어, 특이한 문장 사용 등)

동일성 고수 및 융통성 없는 행동 양상(예: 일상 변화에 대한 극심한 저항, 특정 절차나 루틴 고수 등)

과도하고 제한적인 관심사(예: 특정 주제나 물건에 대한 집착적 관심)

감각 자극에 대한 비정상적인 반응(예: 통증에 대한 둔감함, 특정 소리나 촉감에 대한 과민 반응, 시각적 자극에 대한 몰입 등)

셋째(C), 이러한 증상은 반드시 초기 발달 시기부터 존재했어야 하며, 단지 명확하게 인식되지 않았거나 후천적 학습으로 보완되었을 수 있습니다

넷째(D), 증상은 사회적, 학업적, 직업적 기능 등 주요 일상생활 영역에서 임상적으로 뚜렷한 손상을 초래해야 합니다.

다섯째(E), 이러한 증상은 지적 장애나 전반적 발달지체만으로는 충분히 설명되지 않아야 합니다. 만약 자폐성 특성과 지적 장애가 함께 존재한다면, 사회적 의사소통 능력이 전반적인 발달 수준보다 명백히 낮아야 자폐성 장애로 진단됩니다.

또한 DSM-5에서는 다음의 사항을 명시적으로 기록할 것을 제시합니다:

현재의 중증도 수준:
- 상당히 많은 지원이 필요한 경우
- 많은 지원이 필요한 경우
- 약간의 지원이 필요한 경우

동반 특성 여부:
- 지적 장애 동반 유무
- 언어 장애 동반 유무
- 알려진 의학적 또는 유전적 질환 동반 유무
- 기타 정신 또는 행동 장애 동반 여부
- 긴장증(catatonia) 동반 여부

특히 주의할 점으로는, DSM-IV에서 사용하던 진단명(자폐성 장애, 아스퍼거 장애, 기타 전반적 발달장애 등)은 이제 모두 자폐 스펙트럼 장애로 통합되었으며, 사회적 의사소통 능력에만 결함이 있으나 반복적 행동이 관찰되지 않는 경우는 '사회(화용) 의사소통 장애(Social (Pragmatic) Communication Disorder)'로 구분됩니다.

이러한 진단 기준은 단순한 질병 분류를 넘어서, 지원 중심의 평가와 개별화된 접근을 가능하게 합니다. 자폐성 장애 진단은 '무엇이 부족한가'만을 보기보다는, 어떤 지원이 필요한가를 파악하기 위한 시작점으로 이해되어야 하며, 이는 특수교육, 복지, 직업재활 등 모든 분야에서 자폐인의 삶의 질 향상으로 연결되어야 합니다.

출처: American Psychiatric Association(APA). (2022). Diagnostic and Statistical Manual, Fifth edition(DSM-5-TR, pp 56-57). American Psychiatric Publishing.

    2022년에 방영되었던 〈이상한 변호사 우영우〉라는 드라마를 기억하시나요? 이 드라마에서 주인공 우영우는 대표적인 자폐 스펙트럼 범주에 속하는 인물이었습니다. 자폐 성향의 단편적인 모습을 볼 수 있습니다. 변호사로 등장한 주인공은 아주 똑똑한 자폐 성향을 가진 인물로 특정 분야에 뛰어난 재능을 보입니다. 이러한 점을 보았을 때 아스퍼거 증후군이 아닐까 생각했습니다. 아스퍼거 증후군은 자폐 스펙트럼 장애의 일종으로, 지능은 정상범위에 속하나 주로 사회적 상호작용과 소통, 관심사와 행동 패턴에서 어려움을 겪는 사람들을 지칭합니다. 주로 언어 발달에 문제가 없거나 뛰어난 언어 능력을 갖고 있으면서도, 사회적 상호작용에서 어려움을 겪거나 특수한 관심사를 갖는 경향이 있습니다. '우영우'라는 등장인물도 특정하게 좋아하는 대상이었던 고래에 대해 자동으로 술술 읊을 정도로 관심을 갖고 있고 변호사의 직업 특성상 잘 알고 있어야 하는 법률에 대해서도 아주 자세히 알고 있습니다. 특정 음식인 김밥을 유독 좋아한다는 점, 특징적인 목소리와 억양, 반향어로 말하는 점 등 자폐 범주성 장애의 특징이 주인공을 통해 잘 그려진 드라마였습니다. 특수교육 현장에서는 이 정도로 지능이 아주 뛰어난 자폐 범주성 학생을 만나보지는 못했습니다.

우리나라 의학 드라마를 리메이크 했던 미국 드라마 중 〈굿 닥터〉에서도 아스퍼거 증후군을 가진 의사가 등장하는데 의학적인 면에서 뛰어난 면을 보이지만 주변 사람들과 의사소통하고 관계를 맺어 가는 데 어려움을 보입니다. 그러나 점차 도움을 통해 배워가며 더 성숙한 의사로 성장해 가는 모습을 보여줍니다.

그 외에도 자폐 스펙트럼을 표현한 영화나 드라마가 많이 있는데요. 미국 영화 중 2001년에 개봉한 〈아이 엠 샘〉이라는 영화가 있습니다. 자폐 스펙트럼을 가진 샘이 딸 루시를 키우며 아이의 양육권을 놓고 법정 싸움을 이어가는 내용입니다. 이 영화에서 샘은 딸을 키우는 데 어려움을 겪지만, 딸을 진심으로 사랑하는 모습을 보여줍니다. 또한 샘 주변의 지지자들과 함께 자신의 능력을 증명하기 위해 노력합니다. 이러한 많은 작품들은 자폐 스펙트럼에 대한 이해를 높이고 사람들의 인식을 바꾸는 데 영향을 주었습니다.

아스퍼거와 비슷하게 비교되는 서번트 증후군(savant syndrome)이라는 용어가 있습니다. 지적 장애 또는 기타 발달장애가 있는 사람에게서 나타나는 현상으로 이들 중 절반 정도가 자폐 범주성 장애인 것으로 보고된다고 합니다(Treffert, 2014). 대체로 자신의 전반적인 능력에 비해 특정 분야에서만 높게 비범한 능력이 나타납니다. 그런데 자폐 범주성 아동 중에는 서번트 증후군이 아니어도 특정 분야에 관심이나 재능을 보이는 경우가 많습니다. 그림을 아주 잘 그리는 예술적 재능이 뛰어난 학생도 보았습니다.

저도 아주 많은 자폐성 장애가 있는 학생들을 만났습니다. 아영이는 같이 수업을 하면 정말 재미있는 아이입니다. 많은 선생님들의 이름을 조합하여 하나의 이름을 만들고 어떤 이름이 숨겨져 있는지 알아맞히는 게임을 만들기도 했습니다. 창의적이고 유머 감각이 있는 편으로 새로운 생각을 많이 했습니다. 그림을 그릴 때도 매번 본인이 좋아하는 무지개가 등장하지만 학생만의 특징이 잘 담긴 그림으로 완성하였습니다. 각성이 높은 편이어서 달리는 운동을 해도 잘 지치지 않았습니다. 50m 달리기 팝스 측정에서도 57회를 달리면서 지치지 않았습니다.

　미국에서 인턴을 할 때 어떤 자폐성 장애 학생이 각성 상태가 너무 높아 계속 뛰며 주체를 못하자, 치료사가 무게가 조금 나가는 커다란 콩 주머니(bean bag)를 엎드린 학생의 등위에 올려 지그시 눌러주는 모습을 보았습니다. 금세 학생의 흥분이 사그라지는 것을 볼 수 있었습니다. 학생도 편안해 보였습니다. 각성을 낮추는 데 압박하는 방법이 감각적으로 도움이 된다는 것을 알게 되었습니다. 또 수영을 통해 에너지를 소모하는 활동을 많이 제공해주면 각성을 낮추는 데 도움이 되어 수영을 권장하기도 합니다. 각성이 높을 경우, 대부분 잠드는 것을 어려워 합니다. 상담을 하며 부모님들께서 수영 활동을 시켜 각성을 낮추려는 노력을 많이 기울이신다는 이야기를 종종 듣곤 하였습니다.

　해민이는 답답하거나 화가 날 때는 손을 뻗어 상대방의 얼굴을 밀려고 하였습니다. 가끔 바로 얼굴을 쳐서 당황스러웠던 적도 있었습니다. 수업을 하다가 '으아!' 하고 소리를 지를 때도 있는데 기분이 좋을 때도, 슬플 때도, 화날 때도 같은 소리를 질렀습니다. 등교할 때는 꼭 자동차 전조등을 만지며 교실로 들어오곤 했습니다. 피부 감각이 아주 예민해서 제가 얼굴이나 팔을 만지기라도 하면 그 피부를 꼭 다시 손으로 박박 긁어서 빨갛게 만들었습니다. 사타구니나 겨드랑이를 긁어 냄새를 맡기도 하였습니다. 자신의 침을 손바닥에 묻혀 얼굴에 비비기도 했습니다.

　재준이는 테이프, 스티커 등 붙이는 것을 무척 좋아합니다. 스티커 종류는 모두 창문에 붙이거나 좋아하는 장난감에 붙이려고 합니다. 보이는 즉시 원하는 테이프나 스티커를 가져가려고 합니다. 덕분에 교실에 있는 테이프는 전부 사라지게 되었고, 제가 쓰려고 남긴 테이프는 교실 구석에 숨겨 두었습니다. 저는 나름 잘 숨겼다고 생각했는데 재준이는 숨긴 곳을 기가 막히게 알고 찾아냅니다. 불안할 때 손을 뜯는 습관이 있어서 가정에서는 하얀 거즈밴드를 손에 붙여 등교 시켜 주시는데, 저는 재준이의 밴드를 떼어 주어야 할지, 붙이고 생활하도록 해야 할지 고민이 되었습니다. 처음에는 떼고 생활하는 것이 일반적이라는 생각에 떼는 연습을 하려고 했으나, 재준이가 오히려 밴드가 없으니 피부를 뜯고 더 불안해하는 모습을 보였습니다. 밴드를 붙여서 불안함이 줄어든다면 굳이 꼭 떼야 할까? 라는 생각이 들어 지금은 불안감을 낮춰주기 위해 밴드를 붙이고 교실에서 생활하고 있습니다. 재준이는 불안할 때마다 밴드의 접착력이 떨어진 부분의 끝자락을 손으로 움직이며 안정을 찾는 것 같기도 합니다. 하나의 물건에 꽂히면 그 물건을 얻기 위해 엄청난 노력을 기울입니다. 화장실에 가는 척 하면서 몰래 그 장소로 달려가 그 물건을 가져올 정도이며, 그 관심이 사라지면 또 다른 관심 대상이 생깁니다. 교실에서 청소 연습을 하다가 아주 재미있는 에피소드가 있었습니다. 제가 아무리 "청소 같이 하자!"라고 해도, 학생은 빗자루를 쥐고 대충 하는 척만 하곤 했습니다. 그런데 정리하던 중 죽은 벌레를 보자마자 눈빛이 달라지더니, 재빨리 빗자루를 꺼내 들었습니다. 그리고는 쓰레받기에 정확히 쓸어 담아 쓰레기통에 버리는 모습이 얼마나 신속하고 깔끔하던지, 저의 말 한마디보다 죽은 벌레가 교육에 훨씬 도움이 되었습니다. 뜻밖의 특별한 관심사가 학생의 청소 능력을 한 단계 끌어올린 것입니다. 그 모습이 귀여워 절로 웃음이 나왔습니다.

은우는 말을 할 때 상동적이고 반복적인 행동이 나타납니다. 한 티비 프로그램인 다큐멘터리의 배경음악을 기억하여 흥얼거리거나 노래를 부릅니다. 구간 반복처럼 같은 구간단 반복적으로 부르거나 그날 머릿속에 생각나는 노래를 반복하여 부르기도 합니다. "하지 마!", "너 와 그러냐!" 하는 말을 반복해서 하기도 하고 스스로 말을 되뇌며 자신의 얼굴을 때리기도 합니다. 아침에 등교할 때나 수업하는 장소가 바뀔 때 새로운 상황에 대한 낯섦 때문인지 도전 행동이 나타나기도 하는데 주로 장소가 바뀌거나 교실 이동을 하는 '활동의 전환'이 이루어질 때 갑자기 때리곤 합니다. 상황에 바뀌는 것에 예민하기 때문에 미리 활동을 알려주고 시각적인 일정표를 보여주며 설명해주면 친구나 교사를 때리는 행동이 조금은 줄어들게 됩니다.

결혼 후 아이를 낳고 육아를 하다보니 특수교육 대상 아이들의 행동을 더 많이 이해하게 됩니다. 학생들이 하는 행동 중에는 유아기에 고착되어 머물러 있는 행동이 많습니다. 입에 손을 넣어 빠는 행동, 생식기를 손으로 만져 장난하는 행동, 감각에 대한 예민함, 말이 통하지 않아서 머리를 박는 것, 침을 뱉어 손으로 비비는 행동 등 4~5살 정도의 유아기에 나오는 행동이 10대에도 오래 머물러 있습니다.

흔히 자폐 범주성 장애 학생은 사회성이 없다고 하지만 그건 개개인에 따라 다릅니다. 보통 이런 특성이 있는 학생은 혼자 조용히 무언가를 하거나 활동에 몰두하는 경우가 많습니다. 친구와 함께 있어도 대화를 많이 주고받지 않는 경우가 있어 겉으로는 서로 관심이 없는 것처럼 보이지만, 실제로는 말없이 함께 있는 시간을 좋아하기도 합니다.

교실에서는 친구보다는 교사와 주로 상호작용을 하며, 교사의 안내에 따라 묵묵히 맡겨진 일을 집중해서 잘 해내는 경우가 많습니다. 남에게 피해를 주지 않고 자신의 역할을 성실히 수행한다는 점에서 학급의 구성원으로서의 역할을 충분히 해내고 있습니다. 자신이 할 수 있는 규칙을 이해하고 지키는 모습을 보면 사회성이 분명히 있다는 생각이 듭니다. 다만 상호작용 시 조금 더 도움이 필요한 것뿐입니다.

  자신만의 세상에서 대상을 있는 그대로 바라보는 학생들과 함께 있으면 절로 미소가 지어질 때가 많습니다. 조금씩 그 마음을 두드려서 세상과 소통하게 할 수 있도록 안내해 주고 조금 더 사회에서 행복하게 살아갈 수 있도록 방법을 알려주는 것이 이 아이들에게 꼭 필요한 교육이지 않을까 생각해 봅니다.

자폐 범주성 장애 학생의 졸업 후 진학

자폐 스펙트럼 학생은 개인의 특성에 따라 다르지만 일정한 루틴이 이어지는 직종에 주로 강점을 보여 우체국 사무보조, 상품 진열, 포장 등의 직장에 취업을 하는 경우를 보았습니다. 요즘에는 미술 또는 체육 특기가 있는 학생은 기업과 사회복지시설에 연계가 되어 있는 곳에 취업하여 작가나 운동선수로 활동을 하고, 장애 학생 전형으로 대학교나 전공과에 진학하는 경우를 볼 수 있었습니다. 장애인복지관에서 운영하는 주간보호센터에 다니는 경우도 있습니다. 아래는 몇 군데 예시입니다.

오티스타 – 자폐범주성장애인의 재능 재활을 추구하는 사회적 기업으로 시각적 표현력이 우수하고 그림 및 디자인 업무에 특별한 관심을 보이는 자폐 범주성 장애인을 디자이너로 고용하는 디자인 회사. (www.autistar.kr)

뷰티풀마인드 - 장애 및 비장애 저소득층 아동·청소년 인재들을 발굴하여 전문 예술인으로 양성할 뿐만 아니라 오케스트라 활동을 하는 곳. 문화 활동과 봉사를 접목시킨 특별한 봉사활동으로 매월 1회 장애인 보호 시설, 학교, 고아원 및 다양한 기관과 단체를 꾸준히 방문하여 지원함. 해외에서도 다양한 기관과 단체에 찾아가는 음악회와 기부활동을 이어오는 중임.
(http://www.beautifulmindcharity.org/)

브이아트갤러리 - 장애예술인의 작품을 굿즈로 제작하여 판매하는 곳.
(https://smartstore.naver.com/v_artcenter/profile)
(https://blog.naver.com/v_artgallery)

베어베터 - 자폐성 장애인과 지적 장애인으로 이루어진 사업체. 사회적 기업으로 인증받았고 연계고용, 직접 고용지원, 장애인표준사업장 지분투자지원을 함. 7가지 사업(인쇄, 제과, 화훼, 사내 카페, 사내 매점, 배송)을 진행하는 곳.
(https://bearbetter.net/b2b)

래그랜느 - 프랑스어로 '씨앗'이라는 의미로 많은 자폐성 장애인들의 자립을 지원하며 돕기 위해 설립된 곳. 2016년 장애인직업 재활시설로 인가받음. 자폐성 장애인을 주 근로자로 채용하여 사회적응 활동을 지원하고 있음. 빵&쿠키 생산, 영농사업, 임가공사업을 운영함. (http://www.lesgraines.org/)

로레알 코리아의 사회공헌 Create Your Beauty
(장애예술인과 함께하는 아트 캠페인)
실제 그림을 감상할 수 있는 곳. 큐알코드로 연결.

<템플 그랜딘>

〈로미오와 줄리엣(1996년)〉이라는 영화를 아시나요? 서로 사이가 좋지 않은 두 가문에서 태어난 남녀가 사랑에 빠진 이야기를 그린 영화입니다. 레오나르도 디카프리오를 단숨에 스타로 태어나게 한 영화이지요. 혹시 여배우의 이름도 기억을 하실지 모르겠습니다. 바로 클레어 데인즈(Claire Danes)인데요. 2010년에 그녀가 주인공으로 참여한 〈템플 그랜딘〉이라는 영화가 있습니다. 실존 인물인 '템플 그랜딘'의 삶을 영화로 풀어냈는데요. 자폐성 장애 중에서도 아스퍼거 장애가 있었던 템플 그랜딘(Temple Grandin)은 1947년 8월 29일 미국에서 태어났습니다. 또래보다 늦도록 말을 잘 하지 못했는데 의사는 자폐증이라 진단하며 특수학교나 시설을 권했습니다. 그리고 자폐의 원인이 엄마의 부족한 사랑 때문이라고 말했습니다. 아주 예전에는 자폐의 원인이 엄마

에게 있다는 것으로 보는 이론도 있었다고 합니다. 그러나 템플의 엄마는 거부했습니다. 템플이 모자란 게 아니라 다를 뿐이란 걸 믿었습니다. 끊임없이 자신을 거부하는 아이를 마주하고, 엄마에게 잘못이 있다는 사회적 편견으로 이중의 고통을 겪었지만 엄마는 딸에 대한 사랑으로 버팁니다.

여름방학 때 이모네 목장에서 지내며 처음으로 소를 처음 만나게 되면서 정서적인 변화가 생깁니다. 소가 울다가도 몸을 움직이지 못하도록 압박하는 기계에 들어갔을 때는 울지도, 답답해하지도 않고 오히려 온순해지는 모습을 지켜보며 기기에 호기심을 갖게 됩니다. 어느 날 자신의 흥분이 치솟아 행동을 감당할 수 없었을 때, 자발적으로 그 기구 안에 들어가며 마음이 편안해지는 느낌을 경험합니다. 압박기가 자신을 안아주는 느낌을 받았다고 합니다. 늘 엄마에게 안기었을 때의 따뜻함이 궁금했었는데 압박 기구를 통해 느낄 수 있었다고 합니다. 사람과의 신체 접촉은 어려웠지만 소는 만질 수 있었습니다.

대학교에 입학 후, 강의 시간에 어긋나는 주제를 말하거나 격한 반응을 나타내는 행동 등으로 주변 학생은 템플과 거리를 두게 됩니다. 낯선 환경에 불안을 느끼며 자신의 불안을 없애고자 압박 기계를 만들게 됩니다. 그러나 첫 룸메이트도 반대하고 학교에서도 이상한 장치로 판단하여 몇 번이나 버려지게 됩니다. 이상한 물건이 아니라는 것을 증명하기 위해 학생들을 대상으로 다양한 실험을 하게 되고 타당성을 입증하는 연구를 통해 논문도 작성합니다. 두 번째 룸메이트가 된 시각장애 친구는 템플의 말에 귀를 기울여주고 마음을 이해해 주었습니다. 자신의 모습을 볼 수 없는 친구 앞에서 템플은 편하게 자신의 생각을 말할 수 있었고 친구의 길 안내를 위해 팔짱도 허용하게 되었습니다.

템플 그랜딘에겐 특별한 고등학교 선생님이 있었습니다. 칼락 선생님인데요. 사물을 시각적으로 인지해서 학습하는 템플에게 그에 맞는 과제를 제시해 주었고 능력을 이끌어 주었습니다. 대학을 고민할 때, 대학은 문 같은 곳이라고 생각하라고 했습니다. 새로운 세계로 안내하는 문이라고요. 두려운 일이 생기면 그저 문을 열고 통과한다 생각하라고 말해주었습니다. 새로운 일은 두려운 것이 아니라 자신을 새로운 세상으로 이끌어 줄 문을 통과하는 것이라는 사실을 일깨워 주었습니다. 그러한 힘을 심어준 선생님의 노력이 인상 깊었습니다. 교사는 학생을 그런 눈으로 바라봐야 한다고 생각했습니다. 잠재된 보석을 발견할 수 있는 눈을 갖고 있어야 한다고요. 그리고 살아갈 수 있도록 메시지를 전해 주는 사람이어야 한다고요. 졸업식을 하는 날 템플은 문 앞에 서서 말합니다.
"이것은 내 문이야. 또 다른 세상이 열릴 거야."
("This is my door. It opens to another world.")

템플은 1970년 프랭클린 피어스 칼리지에서 심리학 학사를 취득하고 애리조나 주립대학에서 동물학 석사를, 일리노이 대학교에서 동물학 박사를 취득했고, 지금은 콜로라도 주립대학의 교수로 활동하고 있습니다. 또한 자폐성 장애에 대한 권리 운동에도 참여하고 있다고 합니다. 대학원 때까지 공부를 계속한 템플은 목장의 소들을 안정시키는 시스템을 완성했습니다. 도살장으로 가는 소들이 최후까지 안정을 유지할 수 있도록 하는 설계였습니다. 인간을 위해 희생되는 소를 죽는 순간까지 폭력적으로 대하지 말자는 인도주의적 차원의 시스템입니다. 지금도 북미의 목장에서는 이 시스템을 사용 중이라고 합니다. 매년 미국 소의 절반 이상이 그녀가 직접 설계한 인도적 도축시설에서 처리된다는 사실에서 축산업계에서의 그녀의 위상을 짐작할 수 있습니다. 어린 시절 평생 보호시설에 감금되어야 한다는 의사의 진단을 들을 만큼 중증의 자폐성향을 보였지만, 자신을 받아들이고 끊임없이 나아가 미국 축산업계에서 새로운 혁명을 일으킨 학자로 사회적 성공을 이루었습니다.

템플 그랜딘 사진

이 영화를 보면 자폐장애인도 좀 다른 사람일 뿐이라는 것이 더 잘 보일 것입니다. 템플은 빙글빙글 몸을 돌려 공간에 안겨 편안함을 느끼는 아이였습니다. 조용히 음악을 들으며 휴식을 하는 사람이 있는 것처럼, 몸을 꽉 조이는 곳에 갇혀서 편안함을 느끼는 사람도 있는 것입니다.

영화의 마지막 장면에서 어느 자폐 학회에 참석한 그녀는 질문을 받습니다.
"자폐는 완치가 가능한가요?"
"전 완치된 게 아닙니다. 평생 자폐로 살 겁니다. 저의 엄마는 제가 말을 못 할 거라는 진단을 믿지 않았어요. 그리고 제가 말을 하게 되자 학교에 입학시켰어요. 제가 무언가를 하도록 많은 분들이 최선을 다했습니다. 그분들은 알았어요. 제가 다를 뿐이라는 것을요. 모자란 것이 아니라 다르다는 것을요. 게다가 저는 세상을 다르게 보는 능력이 있었습니다. 다른 사람이 보지 못하는 것도 자세히 볼 수 있는 능력이지요. 엄마는 나를 혼자 살아갈 수 있도록 가르치셨어요. 모든 것이 낯설었지만 그것들이 새로운 세상으로 나아갈 수 있는 관문이 되었어요. 문이 열렸고, 제가 걸어 나왔습니다. 저는 템플 그랜딘입니다."

미국의 시사주간지 타임은 그녀를 2010년 가장 영향력 있는 인물 100명으로 선정하면서 이렇게 언급했습니다. "가축의 인도적인 대우를 옹호하는 세계에서 가장 존중받는 사람 중 하나."

3

마음의 파도, 정서 및 행동 장애

"내 행운은 정신질환에서 완전히 회복한 것이 아니다.
나는 회복되지 않았고 앞으로도 그럴 것이다.
나의 행운은 '삶을 발견한 것'에 있다."

엘린 삭스

    정서 및 행동 장애는 소속되어 있는 분야가 조금 모호합니다. 소아·청소년 정신의학, 심리학 분야에서 각기 다른 입장으로 바라보며, 특수교육에서는 이러한 진단을 받은 학생을 어떻게 지도할지에 중점을 두고 있습니다. 각 영역의 전문가들이 내리는 정의가 달라서 현재까지도 여러 가지 정의가 있으며 자폐범주성 장애, 지적 장애, 학습 장애, 의사소통 장애 학생 역시 정서·행동 장애를 함께 보이는 경우가 많습니다. 실제로 학교 현장에서는 정서·행동 장애만 보이는 학생은 만나지 못했습니다. 다른 장애로 인하여 정서·행동 장애가 유발되는 사례를 많이 경험하고 있습니다. 품행장애만으로는 특수학교로 오지 않기 때문에, 이 같은 경우는 일반학교에서 간혹 만나볼 수 있지 않을까 생각합니다.

「장애인 등에 대한 특수교육법」은 정서 및 행동 장애를 다음과 같이 정의하고 있습니다.
장기간에 걸쳐 다음 각 목의 어느 하나에 해당하여, 특별한 교육적 조치가 필요한 사람
가. 지적·감각적·건강상의 이유로 설명할 수 없는 학습상의 어려움을 지닌 사람
나. 또래나 교사와의 대인관계에 어려움이 있어 학습에 어려움을 겪는 사람
다. 일반적인 상황에서 부적절한 행동이나 감정을 나타내어 학습에 어려움이 있는 사람
라. 전반적인 불행감이나 우울증을 나타내어 학습에 어려움이 있는 사람
마. 학교나 개인 문제에 관련된 신체적인 통증이나 공포를 나타내어 학습에 어려움이 있는 사람

어느 반의 부담임을 하게 되었던 시기의 일입니다. 담임을 맡을 예정이었으나, 학기 시작 직전에 임신 사실을 알게 되어 다른 선생님과 역할을 바꾸게 되었습니다. 하지만 안타깝게도 임신 12주쯤 유산을 겪게 되었습니다. 몸을 추스르고 다시 학교에 복귀해 일상을 이어가던 어느 날, 수업 중 유난히 종이에 집착하던 윤희는 책상 위에 종이를 꺼내놓고 계속 만지작거리며 수업에 집중하지 못하고 있었습니다. 서랍에 넣고 수업에 집중하자고 조용히 말했습니다. 그러자 갑자기 학생이 화를 내며 얼마 전 유산했던 제 이야기를 꺼냈습니다. 그 순간, 아직 마음의 상처가 채 아물지 않았던 저는 그 말이 비수처럼 가슴에 꽂히는 느낌이 들었습니다.

돌이켜보면, 누군가의 말이 나에게 상처로 다가올 때는 어쩌면 내가 만든 감정의 덫에 내가 걸린 것은 아닐까 하는 생각도 듭니다. 상처가 아직 남아 있었기에, 쉽게 무너지게 되었던 것이겠지요. 그날 이후로 한동안 그 학생을 마주하는 것이 너무도 힘들었습니다. 지금은 시간이 지나 담담하게 "그래, 그럴 수도 있지" 하고 생각하게 되었지만, 그 당시의 마음은 쉽게 다독여지지 않았습니다.

아마 그래서였을 겁니다. 정서·행동 장애 학생들을 처음 만날 때, 왠지 모를 두려움이나 피하고 싶은 마음이 들었던 이유가요. 물론 모든 정서장애 학생들이 그렇지는 않지만, 유독 '말'로 인해 상처받는 일이 잦은 것은 사실입니다. 그것은 단지 특수학교만의 이야기가 아닐 것입니다. 교사도 사람이기에, 상처를 흘려보내는 일은 말처럼 쉬운 일이 아닙니다. 기계처럼 한 귀로 듣고 흘려보낼 수만 있다면 좋겠지만, 계속되는 말은 결국 마음에 남고, 상처가 됩니다. 그렇게 상처가 쌓이다 보면 교사의 마음에도 아픔이 찾아오기도 합니다. 시간이 흐르면 조금씩 아물고 담담해지지만, 사람과 사람의 만남에서 말로 받는 상처는 어쩔 수가 없는 것 같습니다. 저보다 한참 어린 학생의 말에도 상처받고, 화가 나는 것이 사실입니다. 그럼에도 교사로서, 어른으로서, 조금은 의연한 모습으로 아이를 마주하려 애씁니다. 비록 마음은 흔들려도 아이 앞에서 내가 먼저 무너지지 않도록, 애써 다잡습니다.

정서·행동 장애를 분류하는 기준은 미국정신의학회(American Psychiatric Association, APA)에서 발행한 『정신질환의 진단 및 통계 편람』(DSM-5-TR, 2022)에 따릅니다. 이 분류체계는 주로 정신의학과 심리학 분야에서 활용되지만, 특수교육 현장에서도 학생 개개인의 행동 특성과 중재 방향을 이해하기 위해 참고하는 경우가 많습니다. 이러한 진단 기준을 알고 있는 것이 교육적 판단에 큰 도움이 됩니다.

표-외현적 및 내재적 행동 문제의 예

외현적	내재적
• 사람이나 사물을 향한 공격적 양상을 반복적으로 보인다. • 과도하게 언쟁한다. • 신체적이거나 언어적인 방법으로 다른 사람에게 복종을 강요한다. • 합리적인 요청에 응하지 않는다. • 지속적인 텐트럼의 양상을 보인다. • 지속적인 거짓말 또는 도벽의 양상을 보인다. • 자기 조절력이 부족하고 과도한 행동을 자주 보인다. • 만족할 만한 인간관계를 개발하고 유지하는 데 방해가 될 정도로 다른 사람이나 교사 또는 물리적 환경을 방해하는 기타 특정 행동을 보인다.	• 슬픈 감정, 우울함, 자기 비하 감정을 보인다. • 환청이나 환각을 경험한다. • 특정 생각이나 의견이나 상황에서 벗어나지 못한다. • 반복적이고 쓸모없는 행동에서 벗어나지 못한다. • 갑자기 울거나, 자주 울거나, 특정 상황에서 전혀 예측하지 못한 비전형적인 감정을 보인다. • 공포나 불안의 결과로 심각한 두통이나 기타 신체적인 문제(복통, 메스꺼움, 현기증, 구토)를 호소한다. • 자살에 대하여 말한다(자살 생각을 이야기하고 죽음에 대하여 몰두한다). • 이전에 흥미를 보였던 활동에 대한 관심이 줄어든다. • 과도하게 놀림을 당하거나, 언어적으로나 신체적으로 학대를 당하거나, 무시되거나 또래에 의하여 기피된다. • 신체적, 정서적 또는 성적 학대의 증후를 보인다. • 활동 수준이 심각하게 제한된다. 만족할 만한 개인적인 관계 형성 및 유지에 방해가 될 정도의 위축, 사회적 상호작용 회피 또는 개인적인 돌봄 결여와 같은 기타 특정 행동을 보인다.

출처: 이소현, 박은혜(2025). 특수아동교육 4판 p.236-237, 학지사

정서·행동장애의 원인은 크게 생물학적 요인과 환경적 요인으로 나누어 볼 수 있습니다. 먼저 생물학적 요인으로는 유전적인 요소를 들 수 있는데, 조현병의 경우 유전적 요인이 뚜렷하다고 알려져 있습니다. 그 외에도 기분장애, 불안장애, 우울증, 반항장애, 품행장애, 주의력결핍 과잉행동장애(ADHD), 뚜렛증후군 등도 유전적인 영향을 받는 것으로 보고되고 있습니다. 유전 외에도 출생 전후의 질병이나 사고, 독극물 중독 등 다양한 요인이 신경 발달에 영향을 주거나 뇌 손상을 일으켜 정서·행동 장애의 출현에 영향을 줄 수 있습니다. 하지만 생물학적 요인만으로 원인을 단정할 수는 없습니다. 심리적, 사회적, 교육적인 측면을 함께 고려해야 하며, 아이 한 명 한 명의 삶의 배경을 다각도로 살펴보는 통합적인 시각이 필요합니다.

환경적인 요인으로는 빈곤, 학대, 방임, 부모의 정신적 스트레스, 일관되지 못한 양육 기대, 사회적 불안 등 다양한 요소들이 복합적으로 작용한다고 보고되고 있습니다. 다만, 그렇다고 해서 특정 환경에서 자란 모든 아이들이 문제 행동을 보이는 것은 아닙니다. 결국 아이의 행동 특성은 부모와의 상호작용, 안정감 있는 애착 형성, 일관된 기대와 반응 등 주변 환경과의 관계 속에서 형성될 수 있습니다. 개별적인 상황이 모두 다르기 때문에 통계적인 결과를 참고하되, 단순히 어떤 한 요인으로 행동을 해석하거나 판단하지 않도록 늘 조심스러운 접근이 필요합니다.

정서·행동 장애는 단순히 아동 개인의 문제로만 바라봐서는 안 됩니다. 학교생활 속의 여러 요소들이 학생의 정서적 불안과 행동 문제에 깊게 관여하고 있다는 사실을 교사는 인식할 필요가 있습니다. 특히 교사의 태도, 교수 방법, 환경적 요인 등은 아동에게 긍정적인 영향을 줄 수도 있지만, 반대로 문제를 심화시키는 요인이 되기도 합니다. 예를 들어,

다음과 같은 학교 요인들이 정서·행동 문제에 기여하는 것으로 보고되고 있습니다. (McKenna, 2022; Walker&Gresham, 2014)
① 다양한 학습자의 개별성에 대한 교사의 무감각
② 아동의 성취나 품행에 대한 교사 및 부모의 과도하거나 지나치게 낮은 기대
③ 학업 실패를 초래하는 비효율적인 교수
④ 학업이나 사회적 행동에 대해 칭찬하지 않는 교사의 태도
⑤ 적절한 행동에 대한 명확하지 않은 규칙과 기대
⑥ 일관성 없고 체벌 위주의 훈육
⑦ 잘못된 행동에는 관심이 집중되고, 바람직한 행동은 무시되는 교실 분위기
⑧ 교사나 또래의 부적절한 행동을 그대로 모방할 수 있는 환경

이러한 문제들은 교사 한 사람만의 책임으로 보기엔 어렵지만, 그럼에도 불구하고 교사는 자신의 교수 방법, 훈육 방식, 학급 분위기, 학생에 대한 기대 수준 등을 늘 점검해야 합니다. 정서·행동 문제는 아동 개인이 가지고 있는 특성뿐만 아니라 그를 둘러싼 관계와 환경의 반응 속에서 형성되기 때문입니다. 정서·행동 문제를 예방하고자 한다면 학교 전반에 걸친 체계적인 접근이 필요합니다. 예를 들어,
① 일관성 있는 학교 규칙과 명확한 기대, 결과의 설정
② 학생이 안전하다고 느끼는 긍정적인 학교 분위기
③ 소외된 학생을 포용하고 갈등을 예방하기 위한 학교 차원의 전략
④ 모든 시간과 공간에서의 강도 높은 감독
⑤ 다양한 문화와 배경에 대한 민감성
⑥ 학생이 학교에 대해 정체감과 소속감을 느낄 수 있도록 하는 환경

⑦ 학부모의 적극적인 참여와 협력

⑧ 과밀학급 해소 및 물리적 공간의 적절한 활용

이러한 노력이 함께 이루어질 때, 정서·행동 장애 학생뿐만 아니라 모든 학생에게 보다 안정적인 배움의 환경이 마련될 수 있습니다. (Sprague&Walker,2022; Walker&Gresham,2014)

특수학교에서 열리는 학교폭력위원회도 많은 경우 정서·행동 장애로 인한 갈등에서 비롯됩니다. 교사들은 그 과정을 돌아보며 학생간의 불화는 없었는지 중재의 타이밍을 놓치진 않았는지 자책과 반성을 되풀이하곤 합니다. 실제로 자폐 범주성 장애 학생과 정서·행동 장애 학생은 행동 특성이 유사하게 나타나는 경우가 있어, 교육적 중재나 지원이 비슷한 방향으로 이루어지는 경우도 많습니다. 또한, 몇몇 학생들은 행동 조절을 위한 약물을 복용하고 있기도 합니다. 공격적인 행동이 심하거나 일상생활의 위협이 감지되는 경우 약물 복용이 병행되기도 하는데, 강도에 따라 약의 용량도 달라집니다. 때로는 약물로 인해 졸음을 느끼거나 기운이 없는 듯한 모습이 교실에서 관찰되기도 합니다. 그런 모습이 안쓰러워 약물의 용량을 어머님께서 임의로 줄이는 경우도 보았습니다. 그러나 그렇게 약물을 조절한 뒤 오히려 공격성이 더 심해지거나 예측 불가능한 행동이 나타나는 경우를 경험하면서, 저 역시 약물의 조절은 반드시 주치의와 상의한 뒤에 이루어져야 한다는 점을 깊이 느꼈습니다. 우리는 종종 학생의 행동 이면에 어떤 배경이 숨어 있을지에 대해 잊곤 합니다. 보이는 행동 하나만으로 단정 짓기보다는, 그 행동이 발현된 과정과 맥락을 함께 바라보며 교육적 해석을 시도하는 것이, 특수교육 교사로서의 꾸준한 과제이자 책임이라고 생각합니다.

명보는 평소에는 조용하고 차분하지만, 갑자기 감정이 고조되면 친구의 머리카락을 잡아당기는 행동을 보입니다. 마치 잡초의 뿌리를 뽑듯이 한 움큼을 쥐고 세차게 당깁니다. 다시 안정이 되면 아무 일도 없었다는 듯 자리에 앉아 색칠 활동에 집중하기도 하지요. '눈빛이 돌변한다'는 표현은, 정말 이런 상황에서 실감 납니다. 그 일이 벌어지는 순간은 언제나 너무나도 갑작스럽습니다. 눈앞에서 친구의 머리채를 잡아당기고 있는 모습을 보면, 말릴 틈도 없이 심장이 덜컥 내려앉습니다. 피해 학생이 놀라고 아파하는 모습을 보면, 교사인 저도 마음이 아프고 죄책감이 밀려옵니다. 이러한 일로 학생들의 부모님을 마주할 때면 마음이 무겁습니다. 부모님들께 사건의 맥락을 설명하고, 상황의 인과를 함께 짚어 나가야 합니다. '내가 좀 더 빨리 눈치 챘다면 어땠을까' 하는 자책이 드는 건 어쩔 수 없습니다. 상처를 입은 학생에 대한 안타까움, 다시는 이런 일이 반복되지 않도록 교실의 환경을 조율해야 한다는 책임감, 그리고 무엇보다 교사로서 '중재자'의 역할이 얼마나 중요한지 다시금 절감하게 됩니다.

4

글자 속 숨겨진 보물, 학습 장애

"모든 아이는 자신을 결코 포기하지 않고,
진심으로 연결되기를 원하며,
그 아이가 최고의 모습으로 성장하길 끈질기게 바라는
어른을 곁에 둘 자격이 있다."

ㄹ 타 피어슨

    학습 장애는 특수교육 대상자를 판별하는 데 있어서 아직까지도 명확한 정의가 내려지지 않은 장애 영역입니다. 평균적인 지능을 가지고 있지만 그에 비해 학업 성취가 낮은 학생을 대상으로 보기도 하고, 인지적·사회적·행동적인 측면에서 특정한 어려움을 겪는 경우를 대상으로 보기도 합니다. 우리나라의 경우, 학습 장애만으로 특수교육 대상자로 선정되는 학생 수는 점차 감소하고 있습니다. 2023년 기준으로 전체 특수교육 대상자의 0.9%에 해당하며, 이는 모든 장애 영역 중 가장 낮은 비율입니다. 그 이유는 학습 장애의 정의나 진단 체계가 아직 뚜렷하게 정립되지 않았기 때문입니다. 또한 '학습 장애'라는 용어가 학습 부진, 기초학습 부진, 저성취, 학습 곤란 등과 혼용되면서 단어 자체의 개념이 혼란을 주고 있습니다. 결국 이 말은 곧, 학습 장애 만을 명확히 진단할 수 있는 학생을 현장에서 만나기 어렵다는 의미일지도 모릅니다.

저 역시 대학 시절, 학습 장애에 관해 배우면서 '어쩌면 나도 학습 장애가 아니었을까?' 하는 생각을 한 적이 있습니다. 노력에 비해 성적이 잘 나오지 않았던 학생이 바로 저였기 때문입니다. 평균 지능을 가지고 있었지만 늘 기대만큼의 성과는 내지 못했고, 특히 수학에서 많은 어려움을 겪었습니다.

한국 학습 장애 학회에서는 경계선 지적 기능이나 문화적·사회적·경제적·환경적 요인으로 인해 학업 성취에 어려움을 겪는 아동 역시 학습 장애로 인정해야 한다고 주장하고 있습니다. 「장애인 등에 대한 특수교육법」에서는 학습 장애를 '개인의 내적 요인으로 인해 듣기, 말하기, 주의집중, 지각, 기억, 문제해결 등의 학습기능이나 읽기, 쓰기, 수학 등 학업 성취 영역에서 현저한 어려움이 있는 사람'으로 정의하고 있습니다.

미국의 「장애인 교육법(IDEA, 2004)」에서는 '특정 학습 장애(Specific Learning Disability)'라는 용어를 사용하고 있습니다. 이는 듣기, 말하기, 읽기, 쓰기, 철자, 수학 계산 등의 능력에 어려움을 보이는 상태로, 말이나 글로 표현된 언어를 이해하고 사용하는 데 포함되는 기본적인 심리적 과정의 하나 이상의 결함으로 정의하고 있습니다. 여기에는 지각장애, 뇌 손상, 미세 뇌 기능 이상, 난독증, 발달적 실어증 등의 상태가 포함됩니다. 그러나 다음과 같은 경우는 학습 장애에 포함되지 않는다고 명시하고 있습니다.

- 시각, 청각 또는 운동 기능 장애
- 지적 장애
- 정서장애

- 환경적, 문화적, 경제적 불리함이 주된 원인인 학습 문제

또한, 미국 학습 장애 공동협회(NJCLD, 2016)에서는 학습 장애를 "듣기, 말하기, 읽기, 쓰기, 추론, 수학 능력의 습득과 사용에 있어서 심각한 어려움으로 나타나는 다양한 구성의 장애 집단을 아우르는 일반적인 용어"로 정의하고 있습니다. 학습 장애는 개인 내적인 원인에 의해 발생하며, 중추신경계의 기능장애로부터 기인한다고 보고 있습니다. 그리고 일생에 걸쳐 지속될 수 있는 특성을 가지고 있다고 설명합니다. 자기조절, 사회적 지각, 사회적 상호작용에서의 어려움이 학습 장애와 함께 나타날 수는 있지만, 이와 같은 특성만으로는 학습 장애로 진단되지 않습니다. 또한 학습 장애는 다른 장애(예: 감각 장애, 지적 장애, 정서장애)나 문화적·언어적 차이, 부적절한 교수 방식 등과 함께 나타날 수 있지만, 이러한 외부적인 요인이 주원인인 경우에는 학습 장애로 분류하지 않습니다.

세계보건기구(WHO, 2020)에서는 '발달적 학습 장애(Developmental Learning Disorder)'라는 용어를 사용하고 있습니다. 이는 읽기, 쓰기, 수학 등 학업 기술 학습 영역에서 심각하고 지속적인 어려움이 나타나는 장애로, 생활연령과 평균적인 지적 기능에 비해 학업 기술의 성취도가 현저히 낮고, 이로 인해 학업이나 직업 기능에 심각한 손상을 초래하는 경우를 말합니다. 이 장애는 보통 학업 기술을 배우기 시작하는 학령 초기에 처음 나타나며, 다음과 같은 조건들로 인한 것은 아니라고 설명합니다.

- 지적 장애
- 시각 또는 청각 등 감각 장애
- 신경학적 또는 운동기능 장애
- 교육 기회의 부족

- 언어 능력의 결핍
- 심리사회적 어려움

한편, 미국정신의학협회(APA, 2022)에서 제시하는 '특정 학습 장애(Specific Learning Disorder)'는 다음의 네 가지 기준을 모두 충족해야 합니다.

A. 최소 6개월 이상 적절한 중재를 제공하였음에도 불구하고, 다음 중 한 가지 이상의 학습 또는 학업 기술에서 지속적인 어려움이 있어야 합니다.
- 부정확하거나 지나치게 느리며 많은 노력이 필요한 단어 읽기
- 읽은 내용을 이해하기 어려움
- 철자에 대한 지속적인 어려움
- 문법이나 문장 구성 등 쓰기 기술의 부족
- 수 개념, 수 연산, 암산 등 수학 기본 기술의 결핍
- 수학적 추론 능력 부족

B. 해당 학업 기술 성취도가 생활연령이나 일반적인 지적 기능 수준에 비해 상당히 낮으며, 그로 인해 학업, 직업, 일상생활에 눈에 띄는 지장을 초래해야 합니다.

C. 학습상의 어려움은 학령기에 시작되지만, 성인이 되어 학업, 직장, 일상생활에서의 요구가 커질 때까지 드러나지 않을 수도 있습니다.

D. 이러한 학습의 어려움은 다음과 같은 다른 조건들에 의해 설명되어서는 안 됩니다.
- 지적 장애
- 시각 또는 청각 문제
- 신경학적 상태(예: 소아 뇌졸중)

- 경제적, 환경적 불이익
- 부적절한 교수
- 언어 표현 및 이해 능력의 문제 등

이렇게 다양한 분야의 정의에서 살펴볼 수 있듯이 사용하는 용어도 조금씩 다르고, 정의하는 부분도 비슷하지만 각 기관이 의미하는 바에는 약간의 차이가 있음을 발견할 수 있습니다. 공통적인 부분을 추리면, 언어적·수학적인 영역에서의 학습 어려움이 있으며, 이는 다른 장애나 외부적 영향에 의한 것이 아니라고 콘다는 것입니다. 그중에서도 학습 장애공동협회(NJCLD)가 언급한 "다른 장애와 동시에 나타날 수 있다"는 점은 교사로서 특히 공감이 됩니다. 현장에서 만나는 많은 발달장애 학생들이 학습의 어려움을 동반하고 있기 때문입니다. 학습 장애가 있어서 발달장애가 생기는 것은 아니지만, 발달의 지연이나 지적 장애가 있다면 학습에도 자연스레 어려움이 따르게 됩니다.

학습 장애를 판별하는 데 사용되는 모델에는 크게 세 가지가 있습니다. 첫 번째는 '불일치 모델'로, 지능과 학업성취 사이에 2년 이상의 현저한 차이가 있을 때 학습 장애로 간주하는 방식입니다. 하지만 이 모델에는 신뢰성에 대한 논란이 있어, 이를 보완하기 위해 두 번째 모델인 '이중 불일치 모델'이 제안되었습니다. 이 모델은 학생의 인지적 약점이 학업상 약점과 일치하는지, 그리고 인지적 강점과는 불일치하는지를 확인합니다. 말은 어렵지만, 결국 아이가 잘하는 영역과 어려운 영역을 함께 분석해 강점을 활용하여 약점을 보완하고자 하는 접근입니다. 하지만 이 역시 한계가 있다는 점에서, 미국에서는 세 번째 모델인 '중재 반응 모형(Response to Intervention)'을 활용하고 있습니다. 이 모형은 과학적인 중재를 단계적으로 제공하고, 이에 대한 학생의 반응을 평가하여 진단하는 방식입니다. 학업 기술 중 하나 이상의 영역(예: 읽기 유창성, 수학 문제 해결 등)에서 충분한 진보를 보이지 못할 경우 학습 장애로 간주할 수 있습니다. 다만 한계는, 중재 단계를 오가면서 최종 개별 지원 단계까지 시간이 지연되는 경우, 조기 개입의 적기를 놓칠 수 있다는 점입니다.

특히 읽기 문제에서 심각한 어려움을 보이는 경우에는 '난독증(dyslexia)'으로 분류되기도 합니다. 이는 음운 인식의 결함으로 인해 단어를 인지하고 해독하는 데 어려움을 겪는 신경생물학적, 발달적 학습 장애입니다. 난독증은 읽기 이해에서도 문제를 보이지만, 초기 음운 인식의 어려움이 핵심이며 '특정 단어 읽기 장애'로 불리기도 합니다. 이해력에서 문제를 보이는 경우에는 '특정 읽기 이해 장애'로 구분되기도 합니다.

헐리우드 배우 톰 크루즈는 일곱 살에 난독증 진단을 받았다고 합니다. 글을 읽고 쓰는 것이 어려웠고, 발음도 정확히 하지 못했으며, 대본도 다른 사람이 읽어주는 것을 통째로 외워 연기를 했다고 합니다. 그는 머릿속에서 내용을 시각화하며 이해하는 훈련을 하면서 점차 극복해 나갔습니다. 헐리우드 배우 제니퍼 애니스톤 또한 성인이 되어서야 자신의 난독증을 진단받았고, 학창 시절 늘 자신이 "그저 공부를 못하는 아이"로 여겨졌다고 고백하기도 했습니다.

이처럼 학습 장애는 단일한 정의로 포착되기 어렵고, 다양한 원인과 배경 속에 복합적으로 작용하는 특성이 있습니다. 그래서 교사로서 해야 할 일은 이 모호함 속에서도 아이 한 명 한 명의 어려움을 정확히 바라보고, 적절한 전략으로 다가가려는 시도일 것입니다. 아직은 불완전한 정의일지라도, 그 안에서 '배우고 싶은 아이'를 알아보려는 눈이 무엇보다 중요하다는 생각이 듭니다.

학습 장애 아동은 대체로 주의력결핍 과잉행동장애(ADHD)를 동반하는 경우가 많다고 보고됩니다. 두 장애 간의 명확한 인과관계는 밝혀지지 않았지만, 약 절반 정도의 학습 장애 아동이 ADHD 특성을 함께 보이는 것으로 알려져 있습니다. 이 경우, 읽기 수준이나 사회적 기술이 더 낮은 경향을 보이며, 이는 학습과 또래 관계 모두에 영향을 미치게 됩니다. ADHD는 과잉행동, 충동성, 산만함의 세 가지 주요 행동 특성을 중심으로 하며, 12세 이전에 증상이 나타나 적어도 6개월 이상 지속되어야 진단이 가능합니다. 학령기 아동의 약 10%에서 관찰되며, 여학생보다 남학생에게 2~3배 더 자주 나타나는 것으로 보고됩니다.

대부분의 발달장애 학생들이 학습에 큰 어려움을 겪고 있기 때문에, 저는 이들을 지도할 때 학습 장애 아동을 위한 학습 전략과 교수법을 참고하여 적용하고 있습니다. 이러한 학생들은 대부분 일상 속에서 반복되는 실패의 경험을 겪으며, "어차피 안 될 텐데…"라는 생각을 갖게 되기도 합니다. 이로 인해 '학습된 무기력'이 형성되는 경우가 많습니다. 따라서 수업에서는 작은 성공 경험을 반복해서 쌓을 수 있도록, 도전적이면서도 달성 가능한 과제를 제시하고, 충분한 칭찬과 격려를 통해 긍정적인 자아개념을 키워주려 노력합니다.

교사는 처음부터 학생에게 어떤 전략이 효과적인지 알기 어렵습니다. 그래서 다양한 방법을 시도하며, 학생의 반응을 세심히 관찰합니다. 어떤 방법이 긍정적인 반응이나 향상된 결과로 이어질 경우, 교사는 그것이 해당 학생에게 적합한 전략임을 파악하고, 그 방향으로 교수법을 확장해 나가게 됩니다. 일반적으로 학습 장애 아동의 경우, 교육의 목표는 학생 스스로 자신에게 맞는 학습 전략을 발견하고 활용할 수 있도록 돕는 데 초점이 맞춰져 있습니다. 그러나 특수학교 현장에서는 오히려 교사가 다양한 시도를 통해 미세한 반응의 실마리를 포착하고, 그에 기반한 교수전략을 구성해 나가는 일이 더 중심이 됩니다. 물론 특수교육 대상 학생이 스스로 자신에게 맞는 학습 방법을 찾고 그것을 적용해 나간다면, 교사로서는 더없이 기쁘고 의미 있는 일일 것입니다.

5

세상을 느끼는 방법, 감각 장애

"모든 것에는 경이로움이 있다.
어둠과 침묵조차도.
나는 어떤 상태에 있든
그것에 만족하는 법을 배운다."

헬렌 켈러

「장애인 등에 대한 특수교육법」에서는 시각장애, 청각장애를 각각 따로 부르고 있지만 저는 감각 장애로 함께 소개하고자 합니다. 대학생 시절, 수화 통역과 문자 통역 봉사를 하며 청각장애가 있는 친구들을 만났고, 기숙사에서는 시각장애가 있는 언니와 한 방을 쓰게 되면서 감각 장애에 대한 이해가 한층 깊어졌습니다. 이 경험들은 장애에 대한 저의 시선을 새롭게 열어주는 계기가 되었습니다.

감각 장애는 영어로 임페어먼트(Impairment)라는 용어를 사용합니다. 우리말로는 '손상'이라는 의미입니다. 말 그대로 감각에 손상이 생겨 장애로 이어지는 것을 뜻하지요. 「장애인 등에 대한 특수교육법」에서 청각장애는 청력손실이 심하여 보청기를 착용해도 의사소통이 불가능 또는 곤란한 상태이거나 청력이 남아 있어도 보청기를 착용해도 청각을 통한 의사소통이 가능하여 청각에 의한 교육적 성취가 어려운 사람으로 정의합니다.

시각장애는 시각의 손상으로 시각기능에 상당한 제약을 받아, 교육상 특별한 지원이 필요한 사람으로 정의하고 있습니다. 시각장애를 지닌 특수교육대상자는 시각계의 손상이 심하여 시각기능을 전혀 이용하지 못해 촉각이나 청각을 학습의 주요 수단으로 사용하는 '전맹' 학생과 보조공학기기의 지원을 받아야 시각적 과제를 수행할 수 있어 특정의 광학기구나 학습매체 등을 통하여 학습하는 '저시력' 학생을 포함하고 있습니다. 청각장애가 있는 친구를 처음 만났을 때 놀라웠던 점 중 하나는, 우리가 익숙하게 사용하는 국어 문법과는 전혀 다른 방식의 언어 체계가 존재한다는 것이었습니다. 이름을 수화로 표현할 때, 자음과 모음을 하나하나 손으로 풀어내기보다는, 그 사람의 특징을 잡아 간결하게 표현하는 방식이 일반적이었습니다. 마치 말할 때 줄임말을 쓰듯, 손의 움직임에도 그런 줄임 표현이 있다는 사실이 신선하게 느껴졌습니다. 이러한 독특한 어순과 문법이 있는 방법을 농식 수어라고 부릅니다. 또 농식 수어로 전달하기 어려운 의미나 개념 등을 전달하기 위해 문법에 맞게 인위적으로 고안된 수어를 한국어 대응 수어라고 부릅니다. 같은 한국인으로 살아가더라도, 수어는 고유한 언어로서의 특성과 농문화(농인 고유의 문화)를 지니고 있는 등 언어 이상의 가치가 있기 때문에 '수화'보다 '수어(手語)'라는 표현이 더 적절하다는 의견이 많습니다. 실제로도 수어를 하나의 언어로 보는 인식이 점차 확대되고 있습니다.

저는 처음 수화를 접했을 때, 전 세계 공용어인 줄 알았습니다. 하지만 이내 언어처럼 나라별로 쓰임이 다르다는 것을 알게 되었습니다. 나라별로 구성과 형태 그리고 의미가 다르다는 것도 알게 되었습니다. 겉보기에 '손을 사용하는 언어'라는 점은 같지만, 문법, 어휘, 역사, 표현 방식까지 매우 다릅니다. 예를 들어, 한국 수어에서 한글 자음 '히읗'을 나타내는 지문자는 영어 수어에서는 알파벳 'A'로 받아들여지는 등 표현 방식은 같으나 의미가 다릅니다. 또한 한글 자음 '비읍'은 영어 알파벳 'b'와 손 모양이 유사하고, 한글 모음 'ㅏ'를 표현하는 검지는 영어 수어 알파벳 'D'로 쓰이기도 합니다. 한국 수어와 미국 수어를 사용하는 사람이 만나면 중간에 또 다른 통역이 필요하다는 의미겠지요?

대학생 때 일본의 한 청각장애 학교를 방문한 적이 있었습니다. 청각장애 학교라고 해서 수화를 사용하며 수업을 할 것이라고 예상했던 것과는 달리, 교사의 입 모양을 읽으며 말소리를 짐작해 수업에 참여하는 학생들의 모습이 보였습니다. 자세히 보니 대부분의 학생이 보청기를 착용하고 있었고, 교실마다 FM 시스템(보청기 무선 보조 시스템)이 설치되어 있었습니다. 때문에 교사는 리모컨을 이용해 자신의 음성을 학생들에게 보청기로 전달하고 있었던 것이었습니다. 이는 청각장애 학생들의 학습 집중도를 높이기 위한 세심한 배려로 느껴졌습니다. 수업 방식도 흥미로웠지만, 무엇보다 가까운 이웃 나라에서도 특수교육을 위한 다양한 고민과 연구가 깊이 있게 이루어지고 있다는 사실이 인상적이었습니다.

보통 청각이나 시각장애가 있는 학생들은 청각특수학교나 시각특수학교에 입학하여 교육을 받는 경우가 많습니다. 지적 능력은 대부분 평균 수준이기 때문에, 이들 학교에서는 국가 교육과정에 따라 일반교육과정을 적용하되 장애 특성에 맞도록 수정·보완된 수업이 이루어집니다. 하지만 공통 교육과정(초1~중3)과 선택 중심 교육과정(고1~고3)을 적용하기 어려울 경우에는 기본 교육과정과 병행하여 편성·운영하기도 합니다. 하지만 대학 시절 이후, 시각장애만을 갖고 있거나 청각장애만을 단독으로 가진 학생들을 현장에서 만날 기회는 많지 않았습니다. 제가 주로 만나온 학생들은 지적 장애와 시각장애, 혹은 지적 장애와 청각장애가 함께 나타나는 중도·중복장애 학생들이었습니다. 이러한 학생들은 단일한 감각 장애만 있는 경우보다 교육적 접근과 지원이 훨씬 더 복합적이고 섬세하게 이루어져야 했습니다. 현장에서 이들과 함께하면서 저는 '감각 장애'라는 용어가 지닌 의미를 더 깊이 이해하게 되었고, 장애의 형태에 따라 교육의 방향과 내용이 얼마나 달라질 수 있는지를 체감할 수 있었습니다.

이러한 중도·중복장애 학생들을 위한 교육적 접근은 실제 수업에서도 다양한 방식으로 적용해 보게 됩니다. 저 역시 현장에서 지적 장애와 함께 청각 또는 시각장애를 가진 학생들을 만나며, 보다 촉각적이고 감각 중심적인 수업 구성을 고민하게 되었습니다. 가장 많이 활용한 방법 중 하나는 손으로 만지는 촉감 활동이었습니다. 단순히 도구를 보여주는 것이 아니라, 교사가 학생의 손을 살며시 감싸 함께 사물을 만져보는 방식으로 진행했습니다. 표면의 질감, 무게, 온도, 모양 등을 직접 느끼게 하면서 사물에 관한 탐색의 폭을 넓혀주었습니다. 때로는 사물 하나를 설명하는 데도 여러 번의 촉각 반복이 필요했지만, 그 과정 자체가 학생에게는 배움의 시간이자 세상과의 접촉이었습니다.

뇌병변 지적장애와 시각장애가 있는 소영이는 신체 활동을 유독 좋아합니다. 특히 마라카스 흔드는 것을 좋아하여 수업 때 마라카스를 흔드는 것부터 시작하여 다른 활동으로 이어지도록 노력하였습니다. 또한 구체물 기반의 수업 자료를 다양하게 활용하였습니다. 그림 대신 입체 모형, 실물 사진 대신 실제 사물이나 입체적인 구조물을 통해 개념을 설명하고, 학생이 직접 손으로 탐색할 수 있도록 유도했습니다. 예를 들어 과일을 배울 때는 시각 자료 대신 실제 과일을 만지고 냄새 맡고 껍질을 벗겨보는 활동으로 확장했습니다.

시각장애가 있는 학생의 경우, 빛을 활용한 안내 방법을 시도했습니다. 강한 빛이나 특정 색의 조명을 활용해 교실 내 이동 경로를 구분해 주거나, 활동 공간의 시작점과 끝을 시각적 대비가 확실한 방식으로 안내하여 학생이 공간을 보다 안전하게 파악할 수 있도록 했습니다. 특히 잔존 시력을 활용할 수 있는 경우에는 주변 조도 조절, 명암 대비를 통한 안내가 효과적이었습니다. 이러한 활동은 단순히 정보를 '전달'하는 데서 그치지 않고, 학생이 감각을 통해 세상과 연결될 수 있도록 돕는 일입니다. 우리가 일반적으로 사용하는 언어와 시선 중심의 교수법은 중도·중복장애 학생에게는 오히려 장벽이 되기도 합니다. 그래서 더 천천히, 더 구체적으로, 손을 맞잡고 한 걸음씩 나아가는 수업이 필요합니다.

중도·중복장애 학생을 위한 교육은 결코 빠르지 않습니다. 그러나 그 느림 속에는 교사의 따뜻한 인내와 세심한 감각이 오롯이 담겨야 합니다. 아이에게 손을 내밀고, 말없이 기다리고, 아주 작은 반응 하나에도 진심으로 반가워하는 시간이 반복될수록, 저는 '교육'이라는 이름 아래 존재하는 진짜 관계를 발견하게 됩니다. 어느 날, 저의 목소리를 기억한 한 아이가 조용히 고개를 돌려 제 쪽을 바라보았고, 천천히 손을 뻗어 다가왔습니다. 마치 제가 주었던 사랑을, 그 아이의 손끝을 통해 되돌려 받는 것 같았습니다. 이토록 섬세하고도 진실된 만남이 있기에, 힘을 얻게 되는 것 같습니다.

6

눈빛으로 알 수 있어요, 뇌병변 장애

"나는 감사할 줄 아는 사람 중에
쓸쓸한 사람을 만난 적이 없다.
그리고 쓸쓸한 사람 중에
감사하는 사람도 만난 적이 없다."

닉 부이치치

뇌병변 장애는 뇌의 손상이나 질환으로 인해 발생하는 장애로, 신체의 운동, 감각, 인지 기능 등에 영향을 미칩니다. 원인은 다양하며, 대표적인 유형으로 뇌성마비, 지체장애의 또 다른 유형인 근이영양증, 이분척추, 척수손상, 경련장애, 외상성 뇌손상, 골형성부전증 등이 있습니다. 증상 또한 개인마다 매우 다르게 나타나며, 운동·감각 장애뿐 아니라 인지, 언어, 정서 등 복합적인 어려움이 동반되기도 합니다. 「장애인 등에 대한 특수교육법」에서는 기능·형태상 장애를 갖고 있거나 몸통을 지탱하거나 팔다리의 움직임 등에 어려움을 겪는 신체적 조건이나 상태로 인해 교육적 성취에 어려움이 있는 사람으로 정의하고 있습니다. 지체장애가 있는 학생의 복지카드를 보면 뇌병변 장애라고 적혀있는 경우가 많습니다. 이는 법마다 부르는 개념이 조금 다르기 때문입니다. 「장애인 등에 대한 특수교육법」에서는 뇌성마비와 같이 신경계 이상으로 인해 인지적 장애 등의 기타 장애를 수반하는 모든 경우를 포함하여 지체 장애라 부르지만, 「장애인 복지법」에서는 별도로 뇌병변 장애라는 용어를 두어 지체 장애와 구분하고 있습니다. 여기서는 「장애인 복지법」상의 뇌병변 장애에 대해 소개합니다.

영국의 특수학교에서 인턴을 하며 만났던 학생들 대부분은 뇌성마비로 인한 뇌병변 장애를 겪고 있었습니다. 하지만 이들 중 다수는 지능이 표준범위에 속하거나 경계선에 있어, 발달장애 학생을 위한 기본 교육과정이 아닌 영국 국가교육과정(National Curriculum)에 따라 일반 학생들과 같은 교육과정을 이수하고 있었습니다.

한 번은 화장실 보조 중, 학생의 자세를 잡아주며 이렇게 물었습니다.

"Is that comfy?"(편안하니?)

저는 확실히 'comfy'/컴피/라고 발음했다고 생각했는데, 학생은 웃으며 저를 바로잡았습니다.

"No! It's not con-fy. It's comfy!"(아니요! 'con-fy/컨피/가 아니에요. 'comfy'/컴피/라고 해야죠!)

영국식 발음이 아직 어색했던 제게 매일같이 발음교정을 해줄 정도로 똑똑한 학생들도 많았습니다.

학교에는 물리치료사, 작업치료사, 언어치료사, 그리고 컴퓨터 공학자가 상주하여, 학생들의 치료와 교육이 통합적으로 이뤄졌습니다. 강직된 근육을 풀고 근력을 기르는 물리치료 시간, 손 기능을 돕는 작업치료 시간, 수영 수업, 그리고 언어치료 및 재활 공학적 지원이 자연스럽게 수업과 연결되어 있었습니다. 말로 표현하기 어려운 학생들을 위해 휠체어

머리 받침 양옆에 스위치를 설치한 의사소통 도구도 인상적이었습니다. 오른쪽 머리로 스위치를 누르면 커서가 이동하고, 왼쪽을 누르면 클릭이 되는 구조였지요. 언어치료사는 학생의 필요에 따라 프로그램에 단어를 업데이트하고, 컴퓨터공학 팀은 언어치료사와 협력하여 적절한 소통 도구를 개발했습니다. 그렇게 기술은 학생이 교실에서 자신의 생각을 표현할 수 있는 손이 되고, 입이 되었습니다.

한국에서 교실에서 만났던 학생들은 대부분 지적 장애와 뇌병변 장애가 함께 있는 중복장애 학생들이었습니다. 표준편차 2 이하 수준으로, 보다 심한 정도의 장애를 가진 학생들이 많았고, 두 가지 이상의 장애가 동반되거나 복합적인 지원이 필요한 경우 '중도·중복장애'로 분류되기도 합니다.

미진이는 시각장애와 뇌병변 장애, 그리고 지적 장애를 함께 지닌 학생이었습니다. 눈이 잘 보이지 않기에 청각, 후각, 촉각으로 공간과 사람을 분별했고, 정신적인 우울 증세와 뇌전증으로 인한 약물치료도 병행하고 있었습니다. 이 학생은 특히 교실에 들어가는 것을 싫어하여, 입실만 하면 울며 소리를 지르곤 했습니다. 매일매일 시간이 필요했고, 점차 익숙해질 때까지 기다려야 했습니다. 산책과 동요를 좋아하던 미진이에게는 좋아하는 활동을 통해 정서적 안정을 유도하려 노력했습니다. 점심시간 후 기저귀를 갈아주는 일도 교사의 몫이었습니다. 학교의 물리적 공간이 넉넉하지 않아 휠체어 접근이 쉽지 않았지만, 침대와 리프트가 있어 다행이었습니다. 다만, 특수교육지도사나 사회복무요원이 없는 날이면 교사 혼자 감당해야 하는 어려움도 컸습니다.

제가 만났던 학생 중에는 연희라는 학생도 있었습니다. 어린 시절 뇌

출혈로 인해 편마비가 생겼고, 지적 장애가 동반된 뇌병변 장애 학생이었습니다. 말을 할 수는 없지만, 눈빛과 표정만으로도 기분이 좋은지, 혹은 불편한지를 분명하게 표현할 수 있는 친구였습니다. 싫을 때는 '으'와 '아' 사이의 독특한 소리를 내며 거부 의사를 표현하기도 했지요. 말은 하지 못하지만 비언어적 표현으로 충분히 의사를 전달해 주었습니다. 연희는 주로 점심 식사 후 하교를 하였고 병원으로 이동해 꾸준히 재활치료를 받았습니다. 물리치료뿐 아니라, 부신피질 관련 내분비 질환이 있어 정기적으로 대형 병원을 방문해야 했습니다. 학교에서는 교육적 지원을 제공하지만, 이 학생에게는 의료적 서비스가 더 필요할 수밖에 없었습니다. 건강 상태가 생명과도 직결되기에, 가정과 학교 모두에서 더 세심한 관리와 관심이 필요했습니다. 학생의 컨디션은 가정에서 의료적 서비스를 얼마나 꾸준히 제공받는가에 따라 달라지기도 했습니다. 교사로서 늘 고민하는 것은, 이처럼 건강에 많은 영향을 받는 학생에게 '어떻게 하면 더 잘 가르칠 수 있을까'였습니다. 결국 수업의 방향은 학습 성취 그 자체보다, 정서적으로 안정되고, 수업에 즐겁게 참여할 수 있도록 유도하는 것에 초점이 맞추어졌습니다. 이러한 학생들에게 필요한 것은 수치로 확인되는 학습 결과가 아니라, '즐겁고 편안한 참여'라는 교육 경험 그 자체였습니다. 그리고 그것은 교사에게도 큰 배움이 됩니다. 아이의 눈빛과 작은 표정 하나에도 귀 기울이는 교육이야말로, 진짜 '관계'에서 시작된 배움이기 때문입니다.

뇌병변 장애는 장애의 정도와 유형이 다양하며, 개인마다 증상과 필요한 지원이 다릅니다.

주요 원인

뇌성마비(Cerebral Palsy): 주로 출생 전후 또는 출생 직후에 발생하는 뇌 손상으로 인해 운동과 자세 조절에 문제가 생깁니다.

뇌졸중(Stroke): 뇌로 가는 혈류가 차단되거나 출혈이 발생하여 뇌 조직이 손상됩니다.

외상성 뇌손상(Traumatic Brain Injury): 외부 충격으로 인한 뇌 손상으로, 교통사고, 낙상, 스포츠 부상 등이 원인일 수 있습니다.

뇌종양(Brain Tumor): 뇌에 발생한 종양이 뇌 기능에 영향을 미칩니다.

뇌염(Encephalitis): 바이러스나 세균 감염으로 인한 뇌의 염증입니다.

주요 증상

뇌병변 장애의 증상은 뇌의 손상 부위와 정도에 따라 다양합니다. 주요 증상으로는 다음과 같은 것들이 있습니다:

운동 장애: 마비(일부 또는 전체), 경련, 떨림, 근육 강직 또는 이완.

감각 장애: 촉각, 시각, 청각 등의 감각 기능 저하.

인지 장애: 기억력, 주의력, 문제 해결 능력, 언어 능력 등의 인지 기능 저하.

정서 및 행동 문제: 우울증, 불안, 충동 조절 장애.

언어 및 의사소통 문제: 말하기, 이해하기, 읽기, 쓰기 등의 언어 기능 저하.

출처: https://knda,ne,kr/2024/06/26/%EB%87%8C%EB%B3%91%EB%B3%80%EC%9E%A5%EC%95%A0%EB%9E%80-%EB%AC%B4%EC%97%87%EC%9D%B8%EA%B0%80/?utm

영국의 뇌성마비 학생을 위한 교육에서 특히 주목할 만한 점은 '전도 교육(Conductive Education)'을 적용하고 있다는 사실입니다. 제가 인턴으로 활동했던 잉필드 매너 학교(Ingfield Manor School) 역시 전도 교육을 중심에 두고 교육과 재활을 동시에 수행하고 있었습니다. 우리나라에서는 여전히 생소한 개념으로 여겨지는 경우가 많습니다. 전도 교육은 단순한 치료가 아니라, '학습'을 중심에 둔 독특한 교육적 접근입니다. 주로 뇌성마비, 실조증, 척수 이분증 등으로 인해 운동 조절과 통제에 어려움을 겪는 아동과, 파킨슨병, 다발성 경화증, 뇌졸중 후 재활이 필요한 성인을 대상으로 시행됩니다. 이러한 신경·운동계 질환을 가진 사람들은 의사소통 장애나 감각 손상도 함께 나타나는 경우가 많습니다. 특히 운동 장애가 선천적으로 존재했을 경우, 움직임을 통한 자극적 경험에 제한이 생기며 전반적인 발달 지연으로도 이어지게 됩니다. 전도 교육은 단편적인 치료가 아닌 총체적 발달을 목표로 합니다. 주요 영역은 다음과 같습니다:

- 대근육 운동(구르기, 기기, 걷기, 계단 오르기)
- 소근육 기술(손 기능, 조작활동)
- 인지 및 지각 능력
- 의사소통 및 사회적 기술
- 일상생활 기술(자조활동 포함)

이러한 전 영역을 통합적으로 접근하는 이유는, '모든 사람은 배울 수 있는 능력을 가지고 있다'는 전제에 기반하기 때문입니다. 즉, 전도 교육은 장애가 있는 이들도 시작점은 다를 수 있지만, 누구나 학습하고 성장할 수 있다는 인간 중심 철학에서 출발합니다. 가장 큰 특징은 참여자가 '수혜자'가 아니라, '주체적인 학습자'로 자리매김한다는 점입니다. 이는 단순한 기능 훈련이나 치료와는 명확히 구별됩니다. 프로그램은 일상에서 마주치는 도전 과제를 해결할 수 있도록 구성되어 있으며, 그 안에서 스스로 배우고 익히는 방식으로 기술을 획득하도록 돕습니다.

전도 교육은 기적의 치료법은 아닙니다. 하지만 학습자의 능동적인 참여와 자기 동기부여를 전제로 할 때, 일상 속에서 점진적인 독립성과 자신감을 회복하는 데 실질적인 도움을 줄 수 있습니다. 이를 수행하는 컨덕터들은 학습자 및 그 가족과 함께 협력하며, 삶 속에서 진정 원하는 것이 무엇인지, 그것을 이루기 위한 목표와 방법이 무엇인지 함께 고민합니다. 그리고 그 목표를 향해 나아갈 수 있도록 끊임없이 격려하고 실천을 지원합니다. 저 또한 영국 현장에서 전도 교육이 주는 교육적 가능성과 깊이를 몸소 느낄 수 있었습니다. 치료와 교육의 경계를 허물고, 인간의 잠재력에 주목하는 교육. 그것이 전도 교육이 가지는 가장 큰 가치라고 생각합니다.

전도 교육의 창시자, 안드라스 페토(András Pető) 교수

전도 교육(Conductive Education)의 창시자 안드라스 페토(András Pető) 교수는 1893년 9월 11일, 헝가리 솜바텔리에서 태어났습니다. 상인이었던 아버지와 교사였던 어머니 사이에서 자란 그는, 일찍이 인간의 신체와 정신에 대한 깊은 관심을 품고 오스트리아 빈 대학교에서 의학을 전공하였고, 이후 여러 병원에서 신경과 전문의로 활동하며 풍부한 임상 경험을 쌓았습니다. 페토 교수는 특히 뇌성마비 아동을 비롯한 신경학적 운동 장애를 가진 이들을 위한 교육과 재활에 몰두하였습니다. 그는 단순한 치료 이상의 접근이 필요하다고 보았고, 장애를 가진 사람들을 단순한 '환자'가 아닌 학습과 성장을 통해 삶을 변화시킬 수 있는 존재로 바라보았습니다. 이러한 철학은 전체론적 접근(holistic approach)으로 이어졌고, 신체·심리·사회적 요소를 아우르는 그의 방법론은 기존의 재활 방식과는 전혀 다른 교육적 혁신을 이끌었습니다. 그는 신경계에 손상이 있더라도 적절한 교육과 학습을 통해 새로운 신경 연결이 형성될 수 있다는 가능성을 믿었습니다. 이러한 믿음을 바탕으로 그는 자신의 접근을 '전도 교육(Conductive Education)'이라 명명했는데, 이는 라틴어 conducere(이끌다, 함께 나아가다)에서 유래한 단어입니다. 그만큼 치료자가 아닌 이끄는 사람의 역할을 강조하며, 단순한 수동적 치료가 아닌 능동적 학습의 과정을 통해 아동 스스로 삶의 주체가 되어야 함을 강조했습니다.

1950년대 초, 그는 헝가리 부다페스트에 전도 교육과 컨덕터 양성을 위한 대학 기관(András Pető Institute of Conductive Education and College for Conductor Training)이라는 세계 최초의 전도 교육기관을 설립하였습니다. 이는 단지 재활치료 기관이 아니라, 전도 교육을 구현하고 실천할 미래의 '컨덕터'를 양성하는 교육기관이기도 했습니다. 초기에는 뇌성마비를 앓는 아동들이 주요 대상이었으며, 당시까지만 해도 불치병으로 간주되던 이 아이들의 상태가 교육을 통해 실질적으로 개선되자 큰 반향을 일으켰습니다. 페토 교수는 운동 요법, 특수 체조, 호흡 훈련, 생활 기술 훈련 등을 통합한 프로그램을 운영했으며, 이는 단순한 치료가 아닌 삶 전체를 위한 교육으로 자리매김하게 됩니다. 그의 교육 철학은 다음의 문장으로 요약할 수 있습니다.

"그는 '건강'과 '질병'을 기존과는 다른 틀로 바라보았다. 생물·심리·사회적 전체론으로 문제에 접근했으며, '환자' 대신 '내담자', 치료 대신 교육, 인과적 접근 대신 변화의 가능성을 중심으로 한 역동적인 학습 과정을 강조했다. 그리고 의사나 치료사 대신, '독립을 향해 이끄는 전문가'가 그 중심에 있어야 한다고 믿었다."

오늘날 페토 교수의 철학은 전 세계 여러 나라에서 실천되고 있으며, 국내에서도 뇌성마비 아동을 위한 전도성 교육이 일부 적용되고 있습니다. 물론 아직은 낯설고 제한적인 적용에 머물고 있지만, 모든 사람은 배우고 변화할 수 있다는 인간관에 기반한 그의 접근은 특수교육의 근본 철학과도 맞닿아 있습니다.

페토 교수의 삶과 전도성 교육은 우리에게 다시 한 번 되묻습니다. "장애는 치료의 대상인가, 아니면 교육을 통한 성장이 가능한 또 하나의 출발점인가?"

출처: Semmelweis University의 Andras Peto Faculty (Peto Institute). https://semmelweis.hu/pak/en/about-us/about-dr-andras-peto/

꽃잎 셋

우리가 함께 쓴 이야기, 교실 속 작은 기적들

1. 선생님도 새 학기는 두려워
2. 함께하지만 다르게 배우는 교육
3. 작은 성장, 큰 기쁨
4. 졸업, 그리고 새로운 시작
5. 교실 너머, 세상으로 나아가는 발걸음
6. 헬렌 켈러에게는 설리번 선생님이
7. 학생을 가르치는 기술이 필요할까?
8. 학생에게 늘 시선이 닿도록
9. 학생의 안정된 마음을 위한 학교의 역할
10. 어린 시기에 머물러 있는 청소년기
11. 로블록스 하는 선생님
12. 장애 학생을 대하는 태도
13. 엄마들이 말하는 조기 교육에 대한 것

1

선생님도 새 학기는 두려워

"아이를 하나의 온전한 존재로 여겨야 하며,
교육하기 위해서는 그를 사랑하고,
관찰하고, 이해해야 한다."

장 자크 루소

3월을 앞두고 새 학기를 준비하며 설렘과 긴장이 교차합니다. 학생들을 만나기 전부터 긴장하고 있는 제 자신을 발견합니다. 매일 가는 학교에서 스쳐 지나며 만났던 학생들인데도 담임을 맡게 되니 그 학생들이 다시 보입니다. 그냥 아는 학생에서 진짜 아는 학생이 되는 것이지요. 사람과 사람이 만날 때는 한 우주를 만나는 것이라고 어디에서 들었던 적이 있습니다. 정말 그렇습니다.

어떤 학생을 만나게 될 것인가 하는 기대감도 있고 모두가 모였을 때 어떤 조합이 나타날지, 한 명 한 명 어떻게 지도해 나갈지, 우리 학급의 특색으로는 무엇을 준비하면 좋을지 이런저런 궁리를 하고 상상을 하며 겨울방학을 보냅니다.

매해 12월이 되면 다음 해의 학급 편성을 하는데, 모든 선생님이 모여 학생들의 정보를 공유하고 다같이 논의하여 결정합니다.

특수학교에는 표현의 어려움이 있는 학생이 많이 오게 되므로 일반학교의 특수학급에 있는 학생들보다는 점점 장애가 중증화 되고 있습니다.

그러면서 교사들의 부담도 조금 커지는 것은 사실입니다.

작년에는 학생에게 맞아서 응급실에 다녀온 선생님만 세 분이 계셨습니다. 부모님들께는 죄송한 마음이지만 그 학생들이 있는 반은 자연스럽게 모두가 피해 가고 싶은 마음이 듭니다. 폭력성이 있는 아이가 있는 반은 그렇게 그 나름의 어려움이 있고 기저귀를 하루에 몇 번 갈아줘야 하는 반은 또 다른 부담감이 따릅니다. 허리 통증도 문제지만, 기저귀를 교체하는 동안 다른 학생들을 어떻게 돌볼지 고민해야 합니다.

앞으로 맡게 된 반 편성 종이를 들고 찬찬히 살펴보니 지난 회의 때 폭력성이 있는 학생이 한 명 정도 있다고 들었던 기억이 납니다. 교사 앞에서는 얌전하다가도 보지 않는 틈을 타서 동급생을 화장실에서 때렸다고 합니다. 이 학생의 행동을 어떻게 긍정적인 방향으로 잘 이끌어갈지, 어떻게 하면 수업에 집중하게 도와줄 수 있을지 고민이 큽니다. 전 담임 선생님께서 미리 알려주시기를 "그 학생은 르꼬끄 브랜드를 좋아해요"라고 하셨는데 아무래도 그 브랜드 옷을 미리 사서 구입해 입고 등교하는 날 학생 앞에서 관심을 끌어야 하는 것은 아닌지 모르겠습니다.

아마 학생들도 마찬가지일 것입니다. 스치듯 만났던 선생님을 담임으로 만나게 되면 학생들도 저를 집중해서 다시 바라보겠지요? 저 선생님은 어떤 사람일까? 이 정도 행동을 하면 화를 내실까? 어떤 행동을 했을 때 나를 봐주실까? 이렇게 열심히 무심하게 탐색을 해볼지도 모릅니다. 학기 초, 선생님과 학생들은 서로 열심히 적응해갑니다. 그때가 서로 가장 긴장되고 조심하게 되는 시기이지요. 그러나 아이들과 생활하다 보면 그렇게 걱정을 쌓아 둘 만큼 아이들이 무서운 존재는 아니라는 것을 깨닫습니다. 그냥 10대 학생일 뿐이지요. 말이 태산처럼 크게 부풀어 저를 짓누르는 것이었다는 걸 매년 깨닫게 됩니다. 매일 풀어가는 하루 속에서 그 학생의 보석 같은 면을 발견하게 됩니다. 갈등 상황이 찾아오면 그때 걱정하기로 합니다. 1년이라는 시간은 정말 학생을 사랑하게 되는 마법 같은 시간입니다. 먼저 사랑을 고백하고 진짜 사랑에 빠지게 되는 시간입니다.

2

함께하지만 다르게 배우는 교육

"당신은 결코 다른 사람을 제대로 이해할 수 없어요.
그의 관점에서 세상을 보지 않는 한…
그의 피부 속으로 들어가 그 삶을 걸어보지 않는 한 말이에요."

하이퍼 리

특수학교나 특수학급은 급별로 유치원은 네 명, 초등학교와 중학교는 여섯 명, 고등학교는 일곱 명으로 학생을 편성하도록 「장애인 등에 대한 특수교육법」에 명시되어 있습니다. 이들은 모두 다양한 장애 유형과 학습 수준을 가지고 있으며, 교사는 학기 초에 각 학생의 수준을 파악한 뒤 그에 맞는 개별적인 학기 목표, 방법, 내용, 서비스 등을 설정합니다. 또한, 학기 시작 후 30일 이내에는 개별화 교육지원팀을 구성하여 학생 한 명 한 명에 대해 체계적인 교육 계획을 수립합니다. 이 팀은 담임교사, 교과교사, 진로 직업 담당교사, 특수교육 관련 서비스 인력, 그리고 보호자 등으로 구성되며, 학생의 성장을 위해 함께 협력합니다. 이는 단지 학교 내의 절차가 아닌, 법적으로 정해진 의무이기도 합니다.

특수교육법 제22조 요약

각급학교의 장은 특수교육 대상자의 교육적 요구에 맞는 교육을 제공하기 위해 개별화 교육지원팀을 구성해야 하며, 이 팀은 매 학기마다 개별화 교육계획(IEP)을 수립해야 합니다. 전학이나 진학 시에는 계획을 14일 이내 전입 학교에 송부해야 하며, 이 모든 과정은 특수교육 교원이 조정 및 지원해야 합니다. 학기 초에는 상담 일정을 잡고 보호자와의 대면 또는 전화 상담을 통해 가정에서의 학생 모습, 보호자의 기대, 진로 고민 등을 나누며 계획의 기초를 마련합니다.

그렇다면, 개별화 교육이란 무엇일까요?

개별화 교육계획은 영어로 Individualized Education Program or Plan(IEP)라 부르며, 현장에서도 '아이이피'라고 부릅니다. 단순히 학생에게 따로 수업을 해주는 '개별 교육'이 아닙니다. 오히려 한 교실 안에서 함께 배우되, 각자에게 맞는 방식과 속도로 배우도록 계획하는 것입니다. 예를 들어 맞춤형 운동화를 신고 함께 달리는 것을 상상해 봅시다. 개별화 교육은 학생 모두에게 자신의 발 크기에 맞는 운동화를 신기게 하는 것과 같습니다. 하지만 그렇다고 해서 각자 혼자서 달리는 것은 아닙니다. 같이 달리되, 각자의 발에 잘 맞는 운동화를 신고 함께 달리도록 하는 것입니다. 즉, 개별화 교육은 '혼자 따로' 배우는 것이 아니라, '함께 하지만 다르게' 배우는 교육입니다.

한 반에 자폐성 장애, 지적 장애 등의 발달장애 학생들이 함께 미술 수업을 듣는다고 가정해 봅시다. 자폐 학생은 시각적 지시와 AAC 그림 카드를 통해 안내받고, 지적 장애 학생은 교사의 손 유도와 시범에 따라 그림을 그립니다. 모두 같은 시간에 같은 활동을 하지만, 목표와 지도 방법이 다릅니다. 이것이 바로 '개별화 교육'입니다. 이는 따로 하는 수업이 아니라, 다르게 접근하는 수업입니다.

  개별화 교육계획에는 다음과 같은 내용이 포함되어야 합니다. 학업적 영역과 기능적 영역의 목표 설정, 교수 방법과 관련 서비스 제시, 평가 방법과 성과 기록, 진단 도구를 통한 근거 기반의 계획 수립 등입니다. 계획은 학기 단위로 수립되며, 학기 시작과 종료 시 학부모에게 안내하고, 학기 중에도 보호자의 요청 시 언제든 열람이 가능해야 합니다. 개별화 교육계획이 살아 움직이는 교육이 되기 위해서는 다음과 같은 노력이 필요합니다.

  단순 전달을 넘는 교사 간의 공유 문화 형성, 계획서 디지털화 및 전산 시스템 구축, 연속성 있는 평가, 교사-학부모-지원팀 간의 지속적인 피드백 시스템 마련입니다. 개별화 교육은 단지 문서를 작성하는 행정 절차가 아니라, 한 명의 학생이 존중받고 이해받기 위한 교육의 출발점입니다. 우리는 이 교육이 실제 수업에서 실현될 수 있도록 꾸준히 고민하고, 개선하고, 나누어야 합니다. 그래서 개별화 교육은 이렇게 정의할 수 있습니다.

"같이 있지만, 다르게 배우는 교육", "학생의 가능성에 맞춘 길을 함께 걷는 계획"

3

작은 성장, 큰 기쁨

"음악은 말로 표현할 수 없고
침묵할 수도 없는 것을 표현한다."

빅토르 위고

악기 수업은 집중력과 사회성을 기르는 훌륭한 방법입니다. 특히 특수교육 대상 학생들에게는 악기를 배우는 것이 집중력 향상과 또래와의 긍정적 상호작용을 이끌어 내는 효과적인 교육적 접근이 될 수 있습니다.

초등학교 2학년 때 처음 만난 승민이는 수업 시간에 자리에 앉아 있는 것조차 힘들어하던 학생이었습니다. 그러나 바이올린 수업을 시작하면서 놀라운 변화가 나타났습니다. 활을 잡고 줄을 켜는 데 온 신경을 집중하면서 점차 집중력이 향상되었고, 연주 발표회를 통해 무대에 서보는 경험은 큰 자신감을 안겨주었습니다. 초등학교 5학년 무렵에는 수업 시간 내내 자리에 앉아 집중하는 모습을 보여주었습니다. 말수가 적고 말을 걸면 눈빛을 피하던 아이가 상대방의 눈을 피하지 않고 이야기하는 아이로 변화했습니다. 친구들과의 관계도 훨씬 원만해졌습니다. 학년이

올라갈수록 바이올린 실력이 눈에 띄게 향상되어 합주 시간에 맨 앞자리에서 연주를 맡을 정도였습니다. 처음 '작은 별'을 켜던 아이는 어느새 '캉캉'을 당당히 연주하는 연주자로 성장해 있었습니다. '작은 별'에서 '큰 별'로, 그것은 자신의 자리를 찾고 스스로 빛을 내는 과정이었습니다. 이는 학습 태도에도 긍정적인 영향을 미쳐, 다양한 활동 속에서도 집중력의 향상이 뚜렷하게 나타났습니다. 지금은 20대 청년이 되어 어딘가에서 멋지게 살아가고 있을 승민이를 마음 깊이 응원합니다.

악기 수업은 소그룹으로 토요일 1회, 주중 방과 후 2회 각 2시간씩 운영되었고, 학생들의 수준에 따라 음계 익히기, 짧은 리듬 따라하기, 소리 탐색, 간단한 앙상블 등으로 구성되었습니다. 놀이처럼 자연스럽게 접근하기도 하고, 무대 발표로 확장해 아이들에게 동기를 부여하기도 했습니다.

바이올린뿐 아니라 북, 가야금, 소금, 해금 같은 전통 악기들도 학생들의 집중력을 기르는 데 큰 도움이 됩니다. 특히 북을 치며 리듬감을 익히는 활동은 신체 조절 능력과 감각 통합에도 긍정적인 효과를 줍니다. 악기를 통해 자신을 표현하고, 무대에 서보는 경험은 아이들이 세상과 소통하고 자신감을 쌓는 데 있어 매우 귀중한 시간이 됩니다.

초등학교 시절부터 고등학교 3학년 때까지 북, 25현 가야금 등 전통 악기를 연주해 온 소은이는 무대 준비를 앞두고 연습에 몰입하며, 옆 친구를 위해 손가락으로 번호를 표시해 함께 연주하도록 도와줍니다. 가야금을 연주하는 동안 보여주는 집중력은 그 자체로 감동적이었습니다. 악기를 통해 자세와 태도, 무대에서의 매너, 집중력을 기르며 다양한 영역에서 성장하고 있습니다. 또 어떤 학생은 소금으로 바람의 소리를 표현하며 감정을 담아내고, 다른 학생은 핸드벨과 터치벨을 통해 친구들과의 호흡을 맞추며 화음을 경험합니다. 그렇게 서로 어울리며 '함께하는 즐거움'과 '협동의 기쁨'을 배워갑니다. 악기의 소리가 저마다 다르듯, 아이들의 표현과 성장도 각기 다릅니다. 그리고 그 다름은 모두 소중합니다.

실제 수업에서는 바이올린의 4현을 친숙한 가족 구성원에 비유해 설명했습니다. 가장 낮은 음부터 할아버지 줄, 할머니 줄, 아빠 줄, 엄마 줄로 이름 붙여 학생들이 쉽게 기억하고 이해할 수 있도록 도왔습니다. 줄이 지나가는 지판에는 스티커를 붙여 시각적인 단서를 제공하고, 검지·중지·약지를 활용해 손가락 감각을 익히며 연습했습니다. 교사는 학생들 앞에서 손동작으로 눌러야 할 위치를 시각적으로 지시했습니다. 첫 번째 칸은 엄지와 검지를 붙여, 두 번째 칸은 엄지와 검지-중지를 함께, 세 번째 칸은 엄지와 검지-중지-약지를 붙여 보여주는 방식으로 안내했습니다. 학생은 이러한 손 모양과 숫자 신호를 보고 줄을 눌러 연주를 이어갔습니다. 이처럼 작은 손동작 하나하나에 의미를 담아 함께 연주해 나가는 과정은 단순한 악기 수업을 넘어, 교사와 학생 사이에 신뢰와 사랑이 쌓여가는 시간이 되었습니다. 악기는 아이들의 마음을 두드리는 훌륭한 매개체가 되어, 교육의 지평을 한층 더 넓혀줍니다. 악기를 배우는 활동은 단순한 기술 습득을 넘어서, 감각 통합, 좌우 협응, 자기조절, 사회적 상호작용, 성취 경험 등 특수교육 대상 학생들에게 필요한 다양한 발달 영역을 자연스럽게 자극합니다. 특히 반복적인 연습 속에서 '기다림', '반복하기', '함께하기' 같은 사회적 기술을 체화할 수 있다는 점은 악기 수업의 가장 큰 장점입니다.

무엇보다, 수업을 통해 성장한 건 아이들만이 아니었습니다. 아이 한 명 한 명의 변화를 곁에서 지켜보며, 교사인 저 또한 기다리는 법을 배우고, 아이들의 가능성을 더 깊이 믿게 되었습니다. "말로 다 하지 못하는 것을 음악이 말해준다"는 안데르센의 말처럼, 교육도 그렇게 아이의 마음 깊숙이 닿아, 표현과 성장을 이끌어내는 따뜻한 통로가 되어야 하지 않을까요.

4

졸업, 그리고 새로운 시작
고3 담임의 무거운 어깨

"졸업은 끝이 아니라 시작입니다."

오린 해치

　고등학교 3학년 담임을 맡으면서 처음으로 '취업'과 '진로'라는 낯선 세계를 마주하게 되었습니다. 그전까지 저는 그저 '가르치는 일'에만 익숙했기에, 졸업 이후의 삶에 대해서는 깊이 생각해 본 적이 없었습니다. 하지만 졸업을 앞둔 아이들과 매일 마주하며, 제 시야도 점점 넓어졌습니다.
　'이 아이들을 어떻게 잘 취업시키고, 사회로 내보낼 수 있을까.'
　이 질문은 제게 낯설고도 무거운 고민이었습니다. 그러던 중, 다양한 진로 영역에 대한 정보들을 하나둘 알게 되었습니다. 장애인 고용의무제도에 따라 최저임금 이상의 급여를 보장받으며 일할 수 있는 일반 기업형 직무, 중증장애인을 위한 보호작업장, 직무 훈련기관이 있었고 매년 새롭게 생겨나는 직업군들이 있었습니다. 이전의 한정된 직업군에서 변화가 느껴졌습니다.

카페에서 음료를 만드는 바리스타, 병원이나 복지관에서 휠체어를 관리하는 휠 마스터, 온라인 물류센터에서 상품을 분류하는 온라인 패커, 꿀벌을 돌보는 도시 양봉가, 자율주행을 위한 정보를 정리하는 데이터 매니저, 그리고 제과제빵사, 무장애 여행 플래너, 알기 쉬운 자료 검수원, 새싹 재배사까지. 예전에는 상상도 하지 못했던 직업들이 이제는 장애 학생들에게 가능성으로 다가오고 있었습니다.

'왜 일하고 싶나요?'라는 질문에 대한 우리 반 아이들의 대답은 이러하였습니다. "돈을 벌고 싶어요", "여행을 가고 싶어요", "자립하고 싶어요", "돈을 벌어 선물을 하고 싶어요." 아이들의 대답은 짧지만 깊었습니다. 말속에는 세상과 연결되고 싶어 하는 마음과 자립에 대한 욕망이 분명히 담겨 있었습니다. 그러나 현실은 그렇게 단순하지 않았습니다.

2024년 한국장애인고용공단 고용개발원이 발표한 「발달장애인 일과 삶 실태조사」에 따르면, 발달장애인의 취업 동기는 '돈을 벌기 위해서'가 75.4%, '일하는 것이 좋아서'가 72.9%, '재미있어서'가 65.3%였습니다. 그 외에도 '부모의 권유' 24.6%와 '다른 사람이 일하니까' 22.6% 등이 뒤를 이었습니다. 이 결과는 발달장애인의 취업이 단지 생계를 위한 수단일 뿐 아니라 '일' 그 자체의 의미와 즐거움에서 비롯된다는 점을 보여줍니다. 아이들이 일할 수 있는 기회 자체가 매우 부족하다는 사실도 절감하게 되었습니다. 실제로 발달 장애인의 평균 근속기간은 6년 5개월로, 전체 장애인 평균(11년 1개월)의 절반 수준이었습니다. 취업한 사람 중에서도 절반 이상이 1년 이하의 단기 근속자였으며, 하루 4시간 이하 근로가 전체의 53.7%를 차지하고 있었습니다. 월급은 50만 원 미만이 20% 이상, 50~100만 원 사이가 가장 많은 비율을 차지했습니다.

7월 즈음, 장애인고용공단의 협조로 학생들을 위한 1:1 취업 코칭이 진행되었습니다. 공단의 평가사님이 직접 학교로 방문하셔서 진로 지원센터에서 학생들과 면담을 해주셨고, 저는 학생들이 평가를 받는 동안 담임교사로서 설문지를 작성하였습니다. 아이들의 '고용 준비 태도'와 '고용 다양성 환경'에 대한 내용이었습니다. 그 안에는 출퇴근 가능 여부, 상호작용이 가능한 인원, 충동성, 긴장도, 스트레스 반응, 환경 민감도까지 많은 항목이 담겨 있어 꼼꼼하게 체크해야 했습니다. 평가 후 평가사님과 면담 시간이 이어졌습니다. 제가 평소 7점 정도로 생각했던 학생을, 평가사님은 2~3점으로 낮게 평가하셨습니다. 그 차이를 마주하면서 저는 스스로에게 질문하게 되었습니다.

'점수를 낮게 주셨네. 내가 정말 이 아이를 객관적으로 보고 있었을까?'
'혹시 익숙함 속에서 무뎌진 건 아니었을까?'

평가사님은 다양한 사례와 데이터를 바탕으로 훨씬 더 정확하게 학생을 평가하고 계셨습니다. 저는 늘 익숙한 교실 안에서만 아이들을 바라보며, 때로는 '잘하고 있다'는 착각에 머물러 있었는지도 모르겠습니다. 한국장애인고용공단은 고용 준비도를 단계적으로 구분하고 있습니다.

구분	내용
일상생활	작업 활동에서 생산성을 기대하기 어려운 수준으로 일상생활(식사, 옷 입기, 신변처리, 이동하기 등)수행을 위한 우선 필요
작업활동	장기간 직업 적응훈련에 참여하면서 보호 고용으로의 전환 가능성을 탐색하는 것이 필요한 직업 수준
보호고용	직업능력이 낮아 단기 목표는 보호된 환경에서 생산활동에 참여가 우선이며, 중장기 서비스 목표가 직업알선인 수준
지원고용 전환	보호 고용보다는 직업 수준이 높은 편으로, 부가적인 직업재활 서비스가 제공된다면 지원고용 단계로 전환이 가능한 수준

지원고용	일정 기간 훈련 및 직무지도원의 개별지도가 있을 경우 일반 고용 환경으로 취업이 가능한 수준
직무조정을 통한 일반고용	지원고용보다 직업 수준이 높은 편으로, 직무 난이도, 속도 등 조정을 통해 일반고용 환경으로 배치가 가능한 수준
일반고용	일반노동시장에 취업하여 비장애인과 함께 최저임금 이상 수준의 임금을 받고 동등한 입장에서 근무 가능한 수준

출처: 장애인고용공단

 가장 낮은 단계인 '일상생활' 수준은 주간보호센터 중심의 일상이며, 그다음 단계는 '작업활동'으로 보호 고용으로의 가능성을 바라보며 장기간 직업적응훈련을 하는 단계라고 합니다. 다음은 '보호고용', 그보다 조금 높은 '지원고용 전환' 단계, 그다음은 '지원고용', '직무조정을 통한 일반고용', 가장 높은 수준은 '일반고용'입니다. 저는 몇몇 학생들이 '지원고용' 수준에 해당할 것이라 생각했지만, 실제 평가는 대부분 '작업활동'이나 '보호고용' 단계에 머물렀습니다. 결과에 조금 당황스러웠습니다. 인사를 드리고 문밖을 나서면서 여러가지 생각이 맴돌았습니다.
 '그동안 내가 학생들의 보고 싶은 모습만 보고 있었던 건 아닐까', '이 아이들은 어디로 가야 할까', '어디에 가면 조금 더 오래, 그리고 행복하게 일할 수 있을까'.
 이 질문은 고3 담임이 된 이후 저를 끊임없이 흔들었습니다.
 졸업이라는 단어는 어쩌면 끝처럼 들릴지 모르지만, 이 아이들에게, 그리고 누구에게나 삶의 출발점입니다. 그리고 그 출발선을 어떻게 안내하느냐에 따라 아이의 삶의 방향이 달라질 수 있다는 사실을 매일 실감합니다. 저희 반 학생의 3분의 1 정도는 취업보다는 전공과를 희망하고 있습니다. 전공과 진학에 대한 설문 결과는 어땠을까요? 앞의 조사에 따르면, 전공과의 선택 이유로는 '자신의 흥미'가 40.8%로 가장 높았고, 그다음은 '취업에 도움이 될 것 같아서' 28.1%, '부모의 권유' 17.7% 순이었습니다. 진학을 결심한 이유는 '배움에 대한 의지'가 34.4%, '취업 준비' 27.4%, '친구들과 함께 가기 위해서' 18.5% 등으로 나타났습니다. 이 결과는 발달장애 학생들이 단순히 취업을 위한 도구로서만 교육을 바라보지 않으며, 학습의 즐거움, 사회적 관계, 자아실현의 기회를 중요하게 생각하고 있다는 점을 보여줍니다. 진학 역시 '삶' 그 자체와 연결되어 있다는 사실을 깨닫게 됩니다.

특수학교의 전공과 과정은 실습을 기반으로 하여 취업 준비에 좀 더 유리한 여건을 가지고 있지만, 그조차도 시험을 거쳐야만 갈 수 있습니다. 입학 후 등교할 때에도 통학버스가 아닌 시외버스, 지하철 등을 이용해야 하고, 실습 업체도 출근할 때에도 마찬가지입니다. 전공과를 희망하지만 갈 곳이 마땅치 않아 막막해하는 학생도 있고, 반복된 불합격과 준비 부족이라는 말을 들으며 점차 자신감을 잃어가는 학생도 있습니다. 누군가에게는 졸업이 기회의 문이 되기도 하지만, 또 다른 누군가에게는 막막함 앞에 선 하나의 경계선이 되기도 합니다. 그래서 저는 오늘도 다시 고민합니다.

'이 아이는 어디에서 빛날 수 있을까.'
'무엇을 준비해 주어야 할까.'
'나의 판단이 이 아이에게 어떤 영향을 줄까.'

졸업장을 손에 쥐고 떠나는 날 이 아이들이 누군가의 도움이 아니라 자신의 이름으로 삶을 살아갈 수 있도록 그 다리를 놓아주는 사람, 저는 '졸업반 담임'입니다.

5

교실 너머, 세상으로 나아가는 발걸음

"아이들은 우리가 볼 수 없는 미래로 가는
살아 있는 메시지이다."

닐 포스트먼

"안녕하세요? 민정이 어머니시죠?"
"아닌데요."

얼마 전, 오래전에 졸업한 학생의 어머님께 전화를 걸었습니다. 그런데 낯선 목소리가 들려왔고, 그 번호는 이미 다른 분의 것이 되어 있었습니다. 2014년에 고등학교 1학년이었던 민정이는 이제 스물일곱 살이 되었을 텐데, 지금은 어디서 어떻게 지내고 있을까 문득 궁금해졌습니다. 자녀를 위해 치료실을 여기저기 다니며 지쳐 있었지만 늘 미소로 인사해 주시던 어머님의 얼굴이 떠올랐습니다. 그 시절, 어머님의 부모님 중 한 분이 돌아가셔서 위로의 마음으로 댁에 찾아갔던 기억도 뚜렷합니다. 학생의 얼굴도 보고 돌아오면서 왠지 모르게 마음이 오래도록 그 가족에게 머물렀습니다. 전화번호가 바뀌기 전에 한 번 더 안부를 여쭙지 못한 게 마음에 남습니다.

　다른 졸업생의 어머니와 통화를 한 적이 있습니다. 2016년. 중학교 3학년이던 미연이는 어느새 스물세 살이 되었습니다. 코로나 시절을 거치며 센터에 나가는 것도 포기한 채 집에 머무는 날이 많아졌다고 하셨습니다. 백신 접종을 힘들어하던 아이 때문에 결국 외부 활동을 포기했었는데 코로나가 끝난 지금은 다시 센터에 보내야 하나 고민 중이시라 했습니다. 그러면서도 어머님은 "그냥 데리고 있는 게 마음이 편해요"라는 말씀을 하셨습니다. 저는 왠지 그 마음을 알 것 같았습니다. 스무 살이 넘은 자녀와 아침마다 나가기 싫다며 실랑이를 벌이고, 지쳐가는 그 마음. 차라리 집에 함께 있는 게 서로 편할 수도 있다는 선택. 교사의 입장이라면 '그래도 데리고 나가셔야죠. 어머님의 시간도, 아이를 위한 사회적 상호작용도 중요하니까요'라고 말할지 모르지만, 어머니의 마음은 그렇게 단순하지 않겠지요.

　"선생님, 졸업 후 지금까지 한 번도 외식이나 놀러 간 적이 없어요."

　어머님의 그 한마디에, 제가 오히려 숨이 막히는 듯했습니다. 숨통이 트이는 시간이 얼마나 필요한지 잘 알기 때문에 그 어떠한 위로도 해드릴 수 없었습니다.

　또 다른 졸업생인 민성이의 어머님과 밝은 목소리로 통화를 나눈 적이 있었습니다. 가족은 졸업 후 제주도로 삶의 터전을 옮겼고, 학생은 오전엔 주간보호센터에서 시간을 보내고 오후엔 집으로 돌아온다고 했습니다. 어머님의 목소리는 예전보다 한결 편안하게 들렸습니다. 하지만 어머님은 잠시 동안 저를 기억하지 못하셨습니다. 사실, 특수학교에서 12년 동안 담임을 바꿔가며 여러 교사를 만났을 테니 기억하지 못하시는 것이 당연한 일이겠다는 생각도 들었습니다. 그럼에도 마음 한 켠에 '혹시 나를 기억하시지는 않을까?' 기대했던 것도 사실입니다. 민성이에게 남동생이 한 명 있었는데, 어느덧 대학생이 되어 육지로 학업을 떠났다고 하셨습니다. 그러더니 어머님이 웃으며 말씀하셨습니다.

"선생님, 그러고 보니 둘째보다 첫째가 더 효자예요!"

저는 아직 경험하지 못했지만, 언젠가 자녀들이 떠나고 나면 그 빈자리가 얼마나 크게 느껴질지를 어렴풋이 상상해 보았습니다. 그 허전함을 '빈 둥지 증후군'이라고 부른다고 하지요. 그런데 우리 학생들은 평생 부모님 곁에 머물지도 모릅니다. 그러니 빈 둥지마저 허락되지 않는 삶을 살아가는 부모님일 수도 있겠다는 생각이 들었습니다. 장애가 없는 둘째 아이가 떠나고 난 뒤에도 장애가 있는 첫째와의 삶을 오롯이 받아들이며 오히려 "효자"라고 웃으며 말하는 어머니의 그 마음, 그건 단지 긍정적 사고가 아니라 삶을 통째로 껴안으며 만들어 낸 전환의 힘이라는 걸 느낄 수 있었습니다. 자신의 감정을 무겁지 않게 다뤄내는 어머님의 태도에서 삶을 대하는 깊은 지혜가 느껴졌습니다.

가끔 졸업생 어머님들과 통화를 나눌 때가 있습니다. 각자의 자리에서 서로 다른 방식으로 하루를 살아가는 그들의 이야기는 늘 제 마음을 흔듭니다. 여전히 아이와 씨름하며 하루하루를 버티고 계신 어머니, 조금은 숨통이 트였다는 듯 편안한 목소리를 들려주시는 어머니.

그 목소리에는 삶의 무게도, 사랑도, 포기의 언어 대신 '끝까지 함께하겠다'는 다짐도 담겨 있었습니다. 졸업은 끝이 아니라 이어지는 삶의 시작이라는 사실을 졸업생과 그 가족들이 몸소 증명해 주고 있습니다. 센터에 다니지 못하는 아이, 집 안에서만 지내는 아이, 여전히 부모 곁에 머물러 있는 아이들. 그들의 삶은 우리가 바라는 '자립'이나 '성장'이라는 언어만으로는 설명되지 않습니다. 하지만 그 아이들은 오늘도 하루를 살아가고 있습니다. 우리와 함께했던 그 시간들처럼, 지금도 누군가의 사랑과 인내 속에서 오늘을 이어가고 있습니다.

6

헬렌 켈러에게는 설리번 선생님이

"일생을 통틀어 가장 중요한 날이 있다면 바로 이날,
내가 앤 맨스필드 설리번 선생님을 만난 날이다.
무엇으로도 측량할 길 없으리만치
대조적인 우리 두 삶이 이렇게 연결되다니,
생각할수록 놀라움을 금할 길이 없다."

헬렌 켈러

헬렌 켈러하면 무엇이 떠오르시나요? 시각장애, 설리번 선생님, 장애를 극복한 사람 등등이 떠오르시나요? 맞습니다. 헬렌 켈러라는 인물은 저도 어린 시절 위인전에서 만나게 된 사람으로 시각, 청각장애가 있었으나 훌륭한 선생님을 만나면서 장애의 한계를 넘어서 살아간 사람으로 기억합니다. 그녀의 어린 시절은 정말 어두움 속에 있었습니다. 그러던 어느 날 설리번이라는 선생님을 만나게 되면서 글을 알게 되고 어둡던 삶에 빛이 찾아오게 되지요. 변화하는 과정은 순탄하지 않았지만 선생님의 인내와 헌신이 헬렌 켈러의 삶에 희망과 의지를 주었습니다. 대학에 가게 된 그녀는 학사학위도 취득하고 사회적인 활동도 하게 됩니다. 헬렌 켈러와 설리번 선생님의 운명적인 만남은 정말 대단하다는 생각이 듭니다.

미국에서 인턴을 할 때 헬렌 켈러가 유년 시절 공부했던 학교를 방문한 적이 있습니다. 미국 동부에 있는 퍼킨스(Perkins) 학교입니다. 조형물이 모두 점자로 되어 있었는데 특히 지구본 조형물 전체가 점자로 되어있었던 것이 아주 특별해 보였습니다. 그런데 이 학교에 또 한명의 졸업생이 있었습니다. 바로 앤 설리번 선생님입니다. 앤 설리번 선생님도 시각장애가 있었다는 것을 알고 계셨는지요? 앤 설리번은 다섯 살 때 트라코마에 감염되었고 시각에 이상이 왔습니다. 바이러스 감염에 의한 이 질병은 자칫 시각을 앗아 갈 수 있다고 합니다. 하는 수 없이 앤 설리번은 1880년, 열네 살에 퍼킨스 시각장애인 학교에 입학하였고 재학 중 수술을 받아 시력을 회복하였습니다. 1886년에 무사히 학교를 졸업하였고 졸업식 날 그녀는 졸업생들을 대표하여 연설을 하였습니다.

앤 설리번에게도 그녀를 돌보아 준 사람이 있었습니다. 그녀는 일찍이 어머니와 동생을 여의고 그 후 충격으로 인해 난폭한 어린 시절을 보냈습니다. 공격적인 행동을 하거나 자해를 하기도 했지요. 그런 그녀를 위해 샤론 로라라는 간호사가 설리번을 돌보아 주었습니다. 결국 간호사의 헌신으로 공격적인 성향을 고친 것은 물론 교육을 받을 수 있는 상태가 되었습니다. 그렇게 시력을 회복하고 스무 살에 졸업을 하게 된 설리번은 스물한 살에 다시 퍼킨스 시각장애인 학교 교장 선생님을 통해 헬렌 켈러를 만나게 되지요.

앤 설리번은 헬렌 켈러에게 손바닥 위에 알파벳을 쓰는 방법으로 영어를 가르쳤으며 1888년에는 헬렌 켈러와 퍼킨스 시각장애인 학교에 함께 등교하였으며, 래드클리프 대학에 함께 진학하였습니다.

앤 설리번과 헬렌 켈러. 두 사람의 삶이 어딘가 닮은 점이 있지 않은가요? 헬렌 켈러와 설리번 선생님의 어린 시절이 닮아 있습니다. 또 타인의 도움으로 삶이 바뀌게 된 점도 비슷합니다. 설리번 선생님을 알기 전에는 그냥 선생님의 헌신이 대단하다고만 생각 했었는데 전체의 삶을 돌아보니 그녀에게도 삶의 등불 같은 누군가가 있어 주었던 것입니다. 누군가의 사랑과 헌신을 통해 앤 설리번도 헬렌 켈러에게 헌신할 수 있었던 것이라 생각합니다.

우리는 삶에서 부모님 혹은 누군가의 사랑으로 자라기는 하지만 진짜 변화를 주는 사람을 만나기는 쉽지 않습니다. 삶의 어려운 시점에 등불 같은 존재가 있다면 그것만으로도 삶에 희망이 생기지 않을까요?

헬렌 켈러에 관한 영화 중 〈미라클 워커〉라는 영화가 있습니다. 헬렌과 설리번의 이야기를 다룬 이야기인데 헬렌 켈러와 설리번 선생님의 만남과 글을 배우는 과정 그리고 성장하는 모습을 영화에 거의 그대로 담았습니다. 보이지 않고 들리지 않는 헬렌을 위해 헬렌의 아버지 켈러 대위가 보스톤에 편지를 쓰면서 설리번이 가정교사로 오게 됩니다. 설리번도 다리가 불편한 동생이 있었고 본인도 시각 장애가 있어 어려운 어린 시절을 살았습니다. 설리번 선생님은 오는 기차에서 헬렌 켈러와의 첫 만남이 기다려집니다. 어떤 모습으로 만나게 될까? 하고요. 헬렌의 집 앞 정원에서의 첫 만남, 헬렌은 설리번 선생님의 손을 만져보다가 선생님의 손을 코끝에 가져가 킁킁거리며 냄새를 맡습니다. 그리고 자신의 손으로 선생님 얼굴의 입, 코, 눈을 순서대로 더듬어 모습을 확인합니다. 선생님이 가져온 가방을 헬렌이 든다고 선생님의 손을 제지하며 본인이 들고 2층 방으로 올라갑니다.

　방에서 헬렌은 상자를 열고 안의 물건을 탐색합니다. 좋아하는 인형을 발견하고는 만져보며 자신의 눈과 인형의 눈을 번갈아 만집니다. 그때 설리번 선생님은 인형이라는 단어를 가르치기 시작했습니다. 영어 수화로 스펠링을 가르칩니다. (참고로 영어 수화와, 한국 수화는 다릅니다) 설리번은 인형을 뺏어 헬렌의 손을 선생님의 얼굴에 가져가 댑니다. 가로로 저으며 안 된다고 알려줍니다. 화가 난 헬렌은 선생님의 뺨을 때리고 맙니다. 설리번 선생님은 거기서 당황하거나 멈추지 않고 바로 가방에서 케이크를 꺼내어 헬렌에게 케이크를 먹입니다. 그리고 다시 헬렌의 손에 C. A. K. E. 철자를 하나씩 부르며 수화로 알려줍니다. 각 사물마다 이름이 있다는 것을 알려주려고 하지요. 그리고 다시 인형을 내밀면서 D. O. L. L.이라는 철자를 손으로 만져보며 다시 한번 인지하도록 하지요. 그때 헬렌은 자신의 검지도 설리번 선생님과 똑같이 펼칩니다. 설리번 선생님은 그 순간 너무 뿌듯하고 좋았지만 헬렌은 거칠게 인형을 가져간 뒤 선생님의 뺨을 세게 치고는 밖으로 나가 버립니다. 그리고 밖에서 열쇠로 문을 잠가 버립니다. 열쇠를 갖고 도망가지요. 이것이 두 사람

의 첫 만남이자 첫 수업이었습니다.

  설리번 선생님은 멈추지 않고 계속 가르칩니다. 자신의 방식대로 행동하지 못하게 된 헬렌은 더욱 격렬히 흥분하고 몸부림칩니다. 선생님은 이를 피하지 않고 헬렌을 저지하며 숟가락으로 밥을 먹어야 하는 것을 가르치고, 앉도록 가르칩니다. 변화할 때까지 인내하고 가르칩니다. 이때 선생님이 가르치고자 했던 것은 글씨, 먹는 방법에 대한 것뿐만이 아니었습니다. 본질은 한 사람을 살리는 일이었습니다. 자신의 삶이 누군가의 도움으로 바뀐 것처럼 헬렌에게도 삶에 의지를 갖도록 자신의 모든 것을 주었던 것입니다.

  저도 특수교육을 시작할 때 설리번 같은 선생님이 되고 싶었습니다. 설리번의 삶을 돌아보면서 선생님으로서뿐만 아니라 한 사람으로서도 누군가에게 등불 같은 존재가 되고 싶었습니다. 과정은 힘들 때가 많습니다. 변화 전의 헬렌 켈러처럼 몸부림치고 교육을 받는 것에 거칠게 반항하는 학생들이 많이 있기 때문입니다. 방학이 지나면 모든 것이 처음처럼 돌아간 듯한 느낌이 들 때도 있습니다. 그럼에도 불구하고 '어떻게 해서든 너를 이끌 거야'라는 마음으로 다가갑니다. 다음 해에는 다시 원점으로 돌아갈지라도, 그래도 하게 됩니다. 설리번 선생님처럼 등불 같은 존재가 되면 좋겠다는 생각을 매일 합니다.

  갈등 상황은 교사에게도 가장 마주하기 힘든 순간입니다. 그렇지만 꼭 마주하고 지나가야만 하는 일이라 생각합니다. 그래야 함께 성장할 수 있다고 믿습니다. 칡과 등나무가 서로 얽히고설킨듯 복잡해진 갈등(葛藤)을 풀어내는 일은 결코 쉽지 않지만, 시간이 걸리더라도 함께 풀어나가는 그 과정에서 관계는 더욱 단단해집니다. 그리고 어쩌면, 그 복잡함을 외면하지 않고 들여다보는 것이 진짜 교육의 시작일지도 모릅니다.

그 얽힘 속에서 우리는 서로의 진심에 닿을 기회를 찾습니다.

"점점 우리와 멀어져 가요. 가까이 가고 싶은데…."

영화 속 헬렌 켈러의 엄마의 말입니다. 가까이 가고 싶은 엄마의 마음을 알기에 교사인 저는 좀 더 객관적인 눈으로 눈높이에 맞게 꼭 필요한 교육을 해주어야겠다고 생각합니다. 그렇게 가족과 사회와 좀 더 가까워져 편안하고 즐거운 삶을 살게 되기를 바랍니다.

7

학생을 가르치는 기술이 필요할까?

"교사는 영원을 움직이는 존재이다.
자신의 영향력이 어디까지 미치는지 결코 알 수 없다."

헨리 애덤스

    에리히 프롬의 『사랑의 기술』이라는 책이 있습니다. 처음 이 책 제목을 보았을 때, 저는 굉장히 의아하다는 생각이 들었습니다. '사랑'이라는 단어와 '기술'이라는 말은 어딘가 어울리지 않아 보였습니다. 사랑이라는 단어는 감성적이고 따뜻한 단어인데, 기술이라는 단어는 왠지 공학적이고 계산적인 느낌이 들었습니다. 단어 사이에 어떤 교집합이 존재할까? 궁금증이 들었습니다.

    기술의 사전적 의미는 두 가지입니다. 첫 번째는 과학 이론을 실제로 적용하여 사물을 인간 생활에 유용하도록 가공하는 수단. 두 번째는 사물을 잘 다룰 수 있는 방법이나 능력이라고 말합니다. 하나는 수단으로서의 의미이고 다른 하나는 능력으로서의 의미를 가지고 있습니다.

    저는 두 번째 의미, 즉 어떤 일을 잘할 수 있는 능력이나 노하우로서의 기술을 떠올렸습니다. 그래서 사랑이라는 감성적인 행위에 기술이 필요하다는 말이 도무지 이해되지 않았습니다. 하지만 책을 읽고 나니, 삶에도 기술이 필요하듯 사랑에도 기술이 필요하다는 말이 와닿았습니다.

프롬은 말합니다. 사랑이란 '나의 욕구를 채우기 위한 수단'이 아니라, '상대를 자유롭게 놓아주고 그 자체로 존중하는 태도'라고요. 사랑은 명사가 아니라 동사이며, 계속해서 실천해야 하는 행위라는 사실도 알게 되었습니다.

개리 채프먼의 『5가지 사랑의 언어』라는 책에서도 비슷한 이야기를 합니다. 사랑은 '내가 주고 싶은 방식'이 아니라, '상대방이 느끼는 방식'으로 주어질 때 더 깊게 전달된다고요. 사랑을 말하는 두 책 모두, 감정이 아닌 행동과 방법의 문제로 사랑을 풀어가고 있습니다.

그렇다면 교육은 어떨까요? 가르치는 데에도 기술이 필요할까요? 저는 그렇다고 생각합니다. 특수아동뿐만 아니라 아이들을 교육하는 데 있어서도 기술이 필요합니다. 그냥 예쁘다고 아무것도 안 할 수는 없으니까요. 특히 특수아동을 지도하다 보면 이런 생각이 자주 들었습니다.

"내가 지금 교육을 하고 있는 걸까, 아니면 보육을 하고 있는 걸까?"

하루에도 몇 번씩 기저귀를 갈아줄 때, 또는 하루종일 눈만 깜빡이거나 소리를 지르는 아이를 만날 때는 더욱 그렇습니다. 교직과정에서 배운 수업 지도안이나 수업 순서, 도입-전개-정리의 구조는 현실에서 아무 소용이 없을 때가 많았으니까요. 하지만 저는 점점 깨달았습니다. 사랑은 기본이지만, 교육은 기술이 필요하다는걸요. 단순히 돌보는 것을 넘어, '어떻게 하면 더 잘 배울 수 있게 도와줄 수 있을까'를 고민해야 하는 게 교사의 역할이었습니다.

꽃잎 셋 우리가 함께 쓴 이야기, 교실 속 작은 기적들 그래서 특수교육에서는 앞서 말한 '개별화 교육계획(IEP)'을 세웁니다. 학부모님과 학생의 현행 능력, 강점, 약점, 좋아하는 것 등을 상담하면서 이해해 나갑니다. 이때 교사는 사랑의 마음만이 아니라 '관찰력', '해석력', '분석력'이라는 기술도 함께 가지고 있어야 합니다.

학생의 문제행동이 반복될 때, 그 행동을 억누르는 것보다 '왜 그런 행동을 하는지' 문맥 속에서 해석해야 합니다. 관심을 얻고 싶은 건지, 감정조절이 어려운 건지, 단순한 욕구의 표현인지를요. 그 안에서 해답의 실마리를 찾고 교육적인 방법으로 연결해 주는 것, 이것이 바로 가르치는 기술입니다.

교육은 감정만으로 이루어지지 않습니다. 사랑이라는 전제를 바탕으로, 배움의 가능성을 열어주기 위한 '방법'을 끊임없이 고민해야 합니다. 교사는 '사랑하는 사람'이자 '기술을 가진 사람'이어야 합니다.

하임G.기너트의 『학생과 교사 사이』라는 책에서는 학생이 어떤 과목을 잘 배우느냐보다 어떤 교사와 관계를 맺느냐가 그 학생의 학교생활 전체에 깊은 영향을 준다고 말합니다. 즉, 교육은 '내용'이 아니라 '관계'에서 출발한다는 것입니다. 이 책에서는 교사와 학생 사이의 관계를 '감정의 다리'라고 표현합니다. 이 감정의 다리가 튼튼해야 배움이 오갈 수 있다고요. 아무리 좋은 교육 내용을 갖고 있어도, 그 내용을 전할 다리가 무너지면 학생은 건너오지 않는다는 이야기입니다. 결국 사랑도 기술이고, 교육도 관계에서 출발합니다. 학생을 있는 그대로 받아들이고, 그와의 신뢰를 쌓아가는 일. 그러기 위해 교사는 학생의 감정을 읽고, 적절한 거리에서 기다리며, 끊임없이 다리를 놓는 기술을 익혀야 합니다. 이 글을 쓰는 지금, 교실에서 마주했던 수많은 눈빛이 떠오릅니다. 가르친다는 건 단지 지식을 전달하는 일이 아니었습니다. 그 아이를 바라보는 내 태도, 마음, 기다림, 그리고 기술이 모두 포함된 깊은 관계의 시작이었습니다.

8

학생에게 늘 시선이 닿도록
학생이 멀리 있어도 어디서 무얼 하는지 알고 있을 것

"믿되, 검증하라."

로널드 레이건

    학생들의 행동은 참으로 예측하기 어렵습니다. 장애의 종류도 서로 다르고 그에 따른 특징적인 행동도 다양하기 때문에 언제 무슨 일이 생길지 모릅니다. 그렇기에 특수교사는 상상으로나마 우리 반 학생에게 항상 보이지 않는 칩을 심어놔야 하는 건 아닌가 싶습니다. 아니면 신호가 강한 와이파이, 또는 항상 연결된 블루투스를 장착하고 있어야 하는 것 같습니다. 지금은 누가 어느 특별실에 있겠구나, 화장실에 갔구나, 또 화장실 가는 척하면서 다른 반에 들어갔구나 등을 항상 의식적으로 인지하고 있어야 합니다.

    아직 자신을 챙기는 것이 어려운 장애 학생에게는 어떤 돌발적인 상황이 생길지 모르기 때문에 학교 안에서도 안심하지 않고 학생의 행동 반경과 위치를 늘 염두에 두어야 합니다. 심지어 학생이 눈앞에 있는 상황에서도 안심할 수는 없습니다. 특히 행동이 재빠른 학생의 경우 대응하기 어려운 돌발상황이 발생하기도 합니다. 대표적인 경우가 학생이 충동적으로 교실 밖으로 뛰쳐나가는 경우인데, 이 경우 교사는 그 학생을 잡으러 밖으로 같이 뛰어나갈 수밖에 없습니다. 그러나 체격조건이 좋은 학생은, 과거 학교 담을 뛰어넘어 밖으로 나간 사례도 있을 만큼 잡는 게 쉽지 않습니다. 더군다나 교사는 그 학생의 돌발행동으로 인해 남아 있는 다른 학생들도 불안한 마음에 또 다른 돌발행동을 할 수 있다는 점도 염두에 두어야 합니다.

저 역시 수업 중 학생이 갑자기 일어나 교실 밖으로 뛰쳐나가 어렵게 쫓아가 잡았던 적이 있습니다. 얼마나 진땀이 나던지요. 이러한 돌발적인 상황은 자칫 큰 사고로 이어질 수 있기에 교사와 학교는 언제나 학생들의 안전에 만전을 기하고 있습니다. 요즘은 교문 앞에 학교 보안관도 계시고 CCTV와 안전출입문으로 만일의 상황에 대비하고 있습니다.

아무리 믿을만한 학생일지라도 방심하면 안 됩니다. 항상 학생들을 시야에 두거나 늘 어디어 있는지 레이더망을 가동하고 있어야 합니다. 보이지 않는 눈을 한 다섯 개쯤은 달고 살아야 하는 것 같습니다.

9

학생의 안정된 마음을 위한 학교의 역할

"아이들이 건강하고 잘 기능하는 가정에서 자라
우리에게 온다면, 우리의 일은 더 쉬워집니다.
하지만 그렇지 않은 가정에서 온다면,
우리의 일은 그만큼 더 중요해집니다."

바버라 컬로로소

장애 학생의 정서적 안정을 위한 학교의 역할에 대해 생각을 해보았습니다.

학교에는 부모가 없는 장애 학생들이 있는데, 이 학생들은 시설에 맡겨져 생활을 하면서 학교를 다니고 있습니다. 인정을 받기 위해 열심히 노력하는 학생이 있는 반면, 관심을 유도하기 위해 문제 행동을 보이는 학생도 있습니다. 대부분 학기 초에 그러한 일이 많이 생기는데, 이러한 행동은 지속적으로 반복될 수 있기 때문에 주의가 필요합니다.

학교는 단지 학습만을 위한 공간이 아닙니다. 정서적으로 불안정한 아이에게 학교는 감정을 표현하고 회복할 수 있는 '두 번째 집'이 되어야 합니다. 저는 교실에서 안전한 분위기를 만들기 위해 일관된 규칙을 유지하고, 아이가 실수하더라도 포용적인 태도로 반응하려고 노력합니다. 그러나 학교에서의 지지는 가정만큼의 강력한 힘을 발휘하기에 조금은 한계가 있다고 생각을 하지만 그럼에도 필요하다고 생각합니다.

또한 가정과의 협력은 반드시 필요합니다. 상담 시간에는 아이의 긍정적인 면을 강조하고, 아주 작은 변화라도 함께 기뻐하며 격려하는 것이 중요합니다. 가정과 학교가 서로 다른 메시지를 주면, 아이는 혼란을 겪게 됩니다. 따라서 교사와 부모가 한 팀이 되어 같은 방향을 바라보는 것이 아이의 성장을 위한 가장 좋은 방법입니다.

정서적 안정은 모든 배움의 기초입니다. 아이가 마음이 편안해야 학습에 집중할 수 있고, 사회성이나 자립 능력도 자연스럽게 성장합니다. 저는 아이들이 교실 안에서 편안함을 느끼고, 자신감을 가질 수 있도록 작은 성공 경험을 자주 제공하려고 노력하고 있습니다.

정서적으로 어려움을 겪는 장애 학생을 위한 학교 지원 방안을 다음과 같이 생각해 보았습니다.

① 일관된 교실 규칙과 예측 가능한 구조 제공

정서적으로 불안정한 학생일수록 환경의 예측 가능성이 중요합니다. 매일 비슷한 일과를 유지하고, 갑작스러운 변화가 있을 때는 미리 안내하여 학생이 불안해하지 않도록 합니다.

② 정서 조절을 위한 감정 표현 도구 활용

감정 카드, 감정 일기, 표정 판 등 다양한 시각적 도구를 활용하여 자신의 감정을 인식하고 표현할 수 있도록 돕습니다. 이는 특히 언어적 표현이 서툰 학생에게 효과적입니다.

③ 작은 성공 경험의 반복 제공

과제를 작게 나누고 단계적으로 성공할 수 있도록 유도함으로써 자기

효능감과 정서적 안정감을 높여줍니다.

　④ 신뢰할 수 있는 어른과의 안정된 관계 형성

　교사 혹은 멘토 등 신뢰 관계를 맺을 수 있는 사람이 있다는 것만으로도 학생은 심리적 안정을 얻습니다.

　⑤ 위기 상황에 대비한 개별 대응 계획 수립

　학생이 감정적으로 폭발하거나 위기 상황이 생겼을 때를 대비한 '위기 대응 계획(Behavior Support Plan)'을 수립하고, 전 교직원이 공유하여 일관되게 지원할 수 있도록 합니다.

　정서적으로 어려움을 겪는 장애 학생에게 학교는 단지 배우는 공간이 아닙니다. 있는 그대로의 존재를 받아들이고 지지해 주는 '안전한 울타리'가 되어야 합니다. 그 출발점은 가정과 학교가 손을 맞잡고 아이를 중심에 두는 데 있습니다.

　교사와 부모가 서로의 이야기에 귀 기울이고, 함께 울고 웃으며 아이의 삶에 함께할 때, 아이는 그 속에서 조금씩 마음을 열고 성장해 갑니다. 저는 그 여정을 함께 걸어가는 교사이고 싶습니다.

10

어린 시기에 머물러 있는 청소년기

"모든 아이는 어느 발달 단계에서나
활기차게 펼쳐지는 새로운 기적을 가지고 있으며,
이는 우리 모두에게 새로운 희망과 책임을 의미한다."

에릭슨

　지적 장애나 발달장애가 있는 학생은 어린 시절에 거쳐야 할 발달 과업의 어느 지점에 여전히 머물러 있는 경우가 많습니다. 지금 이 글을 읽고 계신 분도 어른이 되기까지 수많은 과업을 지나오셨을 것입니다. 젖을 빠는 힘, 기어가고 걷는 힘, 말을 배우기까지 수많은 언어 자극을 받아들이는 과정, 친구와의 관계를 맺고 갈등을 해결하며 소통하는 과정을 통해 지금 이 자리에 계신 것이겠지요.

　아이 둘을 키우며 육아를 하다 보면 학교에서 만나는 학생들이 떠오를 때가 많습니다. 장애로 인한 특성 외에도, 유아기의 발달 특성이 그대로 남아 있는 학생들을 자주 만납니다. 아직 그 시기를 통과하지 못한 채 그 자리에 머물러 있다는 것을 교사인 저는 종종 깨닫게 됩니다. 둘째 아이가 말을 잘하지 못해 바닥에 머리를 찧는 모습을 보일 때, 감정을 조절하지 못해 벽에 머리를 박을 때, 누나와 다툰 후 누나의 머리를 때리며 마음을 표현하려 할 때, 저는 인간이 성장하며 보여줄 수 있는 가장 원초적인 감정 표현을 목격한 듯했습니다.

학교에서도 이와 같은 모습을 많이 보게 됩니다. 스스로 답답할 때 머리를 바닥에 찧는 학생, 교실 바닥에 침을 뱉어 손으로 문지르는 학생 등이 그렇습니다. '아직 발달 과정이 유아기에 머물러 있구나'라고 생각하게 됩니다. 신체 나이는 청소년기에 접어들어 몸을 더 자극하게 되고요. 오히려 환경에 자신을 맞추려 노력하고 부단히 애를 쓰고 있는지도 모릅니다. 어떤 자폐성 장애 학생의 손을 보면 자신의 의사 표현이 잘되지 않았을 때 하도 물어서 손바닥 특정 부위에 굳은살이 아주 단단하게 박혀 있습니다.

미국 아동심리학자 버나드 시겔(Bernard Siegel)은 "행동은 소통의 한 방식이며, 문제행동은 그 아이가 전할 수 있는 최선의 언어일 수 있다"고 말했습니다. 이 문장을 처음 접했을 때, 저는 많은 아이들의 얼굴이 떠올랐습니다. 말로는 표현하지 못하지만 손끝과 몸짓, 때로는 돌발적인 행동으로 무언가를 전하려 했던 그 아이들 말입니다. 아이의 머리를 바닥에 찧는 행동, 반복적으로 물건을 집어 던지는 행동은 그저 '버릇'이나 '통제가 안 되는 문제행동'이 아니라, 아이가 느끼는 불편함과 혼란, 요구를 전하는 방식일 수 있습니다.

로라 버크(Laura E. Berk)의 『아동발달』에서는 유아기 아동이 정서 조절 능력을 충분히 형성하지 못한 상태에서 좌절을 경험할 경우, 감정적 반응이 신체적 행동으로 표출될 수 있다고 설명합니다. 그 시기를 충분히 겪지 못하고 청소년기에 접어든 아이들은, 유아기의 발달 과업을 여전히 수행 중인 셈입니다. 문제행동이라는 이름 아래 가려진 많은 것들이 사실은 '지연된 발달의 표현'이며, 그것을 잘 이해하고 해석하는 일이 교사의 중요한 역할임을 다시금 깨닫게 됩니다.

아기가 뒤집을 때 땀을 흘리며 얼마나 용을 쓰는지 모릅니다. 그다음의 과정도 마찬가지입니다. 기어 간 하던 아이가 갑자기 걸으려고 하면 얼마나 세상이 무서울까요.

때가 되어 저절로 뒤집고 기어가고 서는 것이 그냥 당연한 것이 아니었음을, 두 발로 서서 세상을 바라보는 일 또한 너무나 당연한 것이 아니었음을 이 일을 하면서, 또 아이를 낳고 다시 새로운 시선으로 아이들을 바라보면서 깨닫게 되었습니다.

학생들의 모습이 내가 지나온 과거의 어떤 한 시기의 한 장면이라고 생각하면 상대에 대한 이해의 마음이 한 뼘 더 넓어질 것입니다.

미국의 정신분석가 에릭 에릭슨은 인간 발달을 여덟 단계로 나누고, 각 단계마다 '심리사회적 위기'를 해결하며 인간은 성숙해진다고 하였습니다. 우리가 '문제행동'이라 부르는 일부 모습은, 아직 지나지 못한 발달 과업의 한 부분일 수도 있습니다. 이를 지나온 어른이라면, 그 모습이 낯설지 않을 수도 있습니다.

한 학생은 점심시간이 되면 이유 없이 울기 시작합니다. 또 오후가 되면 울거나 공격을 하는 행동을 보이기도 합니다. 나이는 중학생이지만 어린아이처럼 점심때가 되면 배고프다고 울고 졸리면 우는 모습으로 의사를 표현합니다. 이럴 때는 힘들지만 그 학생에게 맞는 방식으로 대해 주어야 합니다. 엄하기만 한 게 통하지 않는 학생도 있기 마련이니까요.

특수학교에 가면 그곳만의 '바이브'(분위기)가 있습니다. 알 수 없는 소리를 내거나 반복적인 소리를 내는 학생, 조음 장애로 발음이 정확하지 않은 학생, 신체의 불균형이 있는 학생, 말을 어눌하게 하는 학생, 천천히 말하는 학생, 다운증후군으로 모습이 서로 비슷하게 보이는 학생들이 있지요. 머물러 있는 듯 보이지만, 그들 또한 그 안에서 끊임없이 발달하고 있습니다.

아이들은 자신의 속도로, 자신의 리듬으로 살아갑니다. 우리가 해야 할 일은 그 속도에 맞춰 함께 걸어주는 일입니다. 조급한 마음으로 끌어당기기보다, 그저 옆에 서서 걸음을 맞춰주는 것. 그것이 교사의 자리이고, 부모의 역할이며, 이 사회가 해야 할 몫이라고 생각합니다. 이 길 위에서 우리는 함께 성장합니다. 아이가 뒤집고 기고 걷는 것처럼, 우리도 이해하고 기다리고 사랑하는 법을 배웁니다. 그리고 언젠가 문득 깨닫게 됩니다. 그렇게 천천히 걸어온 길이, 아이와 나를 함께 키우는 길이었다는 것을요. 아이들이 세상을 이해하려 애쓰는 그 시간 속에서, 우리도 아이들을 이해하는 법을 배우는 중입니다.

11

로블록스 하는 선생님

"학생들은 당신이 얼마나 많은 지식을
알고 있는지 상관하지 않아요.
얼마나 그들을 사랑하는지를 알게 될 때
비로소 마음을 여는 법이죠."

존 맥스웰

자폐성 장애가 있는 기영이는 복도에서 쉬는 시간이면 한 손을 들고 구부정하게 걸어 다니거나 뛰어다니며 '으아!' 하고 놀라며 큰 소리를 냅니다. 가끔은 자리에 멈춰 1초에 한 번씩 머리를 반복적으로 까딱이며 감전이 된 듯한 행동을 하기도 하였습니다.

"뭐하니?"

물으면 미소를 짓고 도망가거나 '아무것도 아니에요.'라고 대답하곤 했습니다.

어느 월요일 아침, 1교시 생활 조회 시간에 한 명씩 돌아가며 이야기를 나누었습니다. 기영이는 주말에 게임을 했다고 하였습니다. '무슨 게임을 했니?' 물으니 로블록스라는 게임이라고 알려주었습니다. 학생이 좋아하는 게임을 통해 학생을 조금 더 이해하고 싶었고 가까워지는 계기를 만들고 싶었습니다. 평소 제가 하는 질문에 잘 대답 하지 않고 얼버무리며 피하기도 하는 이유가, 담임인 제가 어색하고 어려웠기 때문은 아닐까 하는 생각 때문이었습니다.

　어린 시절 '프린세스 메이커'라는 게임과 '넷마블 테트리스'라는 게임을 해 본 적은 있었습니다. 하지만 그 이후로는 게임을 해본 적이 없었습니다. 오랜만의 게임이라 걱정도 되고 30년의 시간이 지난 요즘의 게임은 훨씬 더 차원이 다를 거라는 생각에 걱정과 두려움이 앞섰습니다. 학생 덕분에 새로운 게임을 다시 접해보게 되었습니다. 스마트폰을 열어 스토어에 들어가 다운을 받아 게임에 가입했습니다. 그리고 학생의 어머님께 말씀드리고 학생과 일주일에 한 번 정도 30분간 게임을 해보기로 하였습니다. 저는 처음에 로블록스라는 이름으로 된 게임이 있는 줄 알았는데 접속해 보니 게임이 한 가지가 아니었습니다. 그 안에 담겨있는 게임이 수십 개, 아니 그보다도 더 많았던 것 같은데 수백, 수천 개일지도 모를 정도로 다양하고 많았습니다. 로블록스라는 플랫폼 안에 다양한 게임이 있었는데 직접 게임을 만들 수 있다는 것도 나중에 알게 되었습니다. 게임에 접속해서 저의 아바타를 만들어야 했습니다. 머리 스타일, 옷 등을 꾸며주었습니다.

　학생이 초대해 준 게임은 '피기'라는 게임이었는데 영어 해석 단어 그대로 돼지가 나오는 게임이었습니다. 방에 접속한 사람들 중에 술래를 랜덤으로 정하면 술래가 돼지 캐릭터로 나오게 됩니다. 주어진 시간 10분 안에 나머지 사람들은 돼지를 피해 도망가야 하는데, 무조건 도망가는 것이 아니라 과정 중에 미션이 있었습니다. 문의 자물쇠와 같은 색의 열쇠를 찾아 문을 열어 탈출해야 했습니다. 제한 시간 안에 술래 피기에게 잡히면 죽게 되는데 죽은 참가자는 유령이 되어 정해진 시간이 끝날 때까지 게임 과정을 지켜보게 됩니다. 술래가 이기느냐 도망자가 이기느냐에 따라 이긴 쪽에 점수가 부여 되었습니다. 어떤 버튼을 누르면 기어갈 수도 있고 점프도 할 수 있었는데 처음 시작은 너무 어렵게만 느껴졌습니다.

캐릭터의 동작들을 보니 학교에서 기영이가 행동하던 모습이 떠올랐습니다. 표현하는 모습이 캐릭터와 똑같았기 때문입니다. 그 학생은 게임 속 캐릭터의 모습을 현실 속 학교에 가져와 그대로 재현하며 따라 하고 있었던 것입니다. 저도 게임을 하고 나서야 학생의 행동을 모두 이해할 수 있었습니다. 교실 안에서는 잠시 게임 상황에서 벗어나 있는 것이었고 쉬는 시간에는 복도에서 게임 상황을 떠올리며 학교라는 장소가 게임 상황 자체로 인식되어 나름 놀이를 하고 있었던 것이었습니다. 본인이 피기가 되기도 하고 도망자가 되기도 하면서 즐기고 있었던 것입니다.

게임을 하는 동안 학생은 정말 물 만난 물고기 같았고 똑똑하게 게임에 참여하고 있었습니다. 저에게 어떻게 방을 탈출하면 되는지, 어디서 열쇠를 가져오면 되는지 찾아야 하는 버튼 같은 것들을 모두 세세히 알려주었습니다. 정해진 시간 내에 탈출하지 못했을 때도 다시 처음부터 시작하여 제가 탈출할 수 있을 때까지 아이템을 얻도록 도와주고 기다려 주었습니다. 게임 방법을 알려줘도 잘 모르고, 자꾸 탈출에 실패하는 저를 포기하지 않고 도와주는 학생에게 정말 큰 감동을 받았습니다. 자꾸 실패하는 저의 모습을 보면서 답답했을 것 같아 미안하다고 했더니 학생은 오히려 '처음에는 원래 그래요, 선생님' 하면서 저를 위로해 주었습니다. 저 같으면 게임을 못하니 다음에는 못할 것 같다고 하거나 다른 게임을 하자고 할 법도 한데 학생은 진심으로 도와주려는 마음만 갖고 저와 게임을 해주고 있었습니다.

　기영이의 마음가짐이 저보다 훨씬 더 사려깊었습니다. 선택과목인 정보통신 시간에 우연히 학생이 유튜브로 피기 게임을 검색해 보고 있던 기억이 났었는데 학생은 그냥 시간 때우기로 보는 것이 아니라 게임 방법을 탐색하고 이기는 방법을 연구하고 있었다는 것도 알게 되었습니다. 나름대로 목적을 세우고 보고 있었던 것입니다. 그런 면에서도 나보다 낫다는 생각을 했습니다.

　학생과 게임을 같이 한 이후로 학생은 저에게 더 이상 대답을 얼버무리거나 회피하지 않았습니다. 어떤 대답이든 생각나는 대로 이야기 해주었습니다. 모르면 모른다고 자신 있게 대답하였습니다. 학생을 이해하려는 노력을 조금만 기울였을 뿐인데 학생은 저의 마음을 알아주었습니다. 저보다 마음을 더 많이 활짝 열어 주었던 것 같습니다.

　게임을 해서 걱정이라면, 그 걱정은 아마도 낯선 세계에 대한 두려움에서 시작된 것일지도 모르겠습니다. 저 역시 게임이라는 매체가 학생에게 해가 되지는 않을까 걱정이 앞섰고, 어른으로서 이걸 함께 해도 되는 걸까 망설였던 것도 사실입니다. 하지만 그 안으로 들어가 보니, 학생은 그 세계 속에서 누구보다 능숙하고 당당했습니다. 어쩌면 우리가 두려워해야 할 것은 게임 자체가 아니라, 그 아이의 세계를 들여다보려 하지 않는 우리의 거리감인지도 모릅니다.

　부모가 아이가 게임을 좋아하는 것만 알고, 어떻게 중독으로 이어지는지 모르면 당연히 두려울 수밖에 없습니다. 그래서 막고 싶어집니다. 하지만 중요한 것은 게임 시간을 줄이는 것이 아니라, 게임이 아닌 시간에도 행복할 수 있도록 돕는 일입니다.

"어떻게 하면 우리 아이가 게임을 하지 않아도 즐겁고, 자존감을 가질 수 있을까?"

이 질문으로 방향을 바꾸는 순간, 관계는 다시 시작됩니다. 게임 자체를 문제 삼기보다, 아이가 그 속에서 무언가를 배우고 있다는 점을 인정해주고, 그 세계에 함께 참여해보는 시도. 그 안에서 우리는 아이가 얼마나 똑똑하고, 얼마나 따뜻한 존재인지 새롭게 발견하게 될지도 모릅니다.

12

장애 학생을 대하는 태도

"사람이 자신의 가능성과 책임을 자각하면,
마침내 그 가능성은 현실이 된다."

빅터 프랭클

함께하면 알게 되는 것

딸아이가 초등학교에 입학한 지 한 달쯤 되었을 무렵, 학부모 공개수업과 총회가 열려 처음으로 학부모의 입장에서 수업에 참석하게 되었습니다. 늘 수업을 하는 입장이었기에, 참관하는 자리에 앉아 있자니 기분이 묘하고 낯설었습니다. 수업을 바라보는 시선도 새로웠습니다. 한 명, 한 명 수업에 참여하는 아이들의 모습을 보며 우리 아이는 어떤 모습일지, 교실 안에서 어떻게 반응하고 있는지 자연스레 눈길이 갔습니다. 선생님의 설명 방식, 지도력도 인상적이었지만, 무엇보다 눈에 들어온 것은 아이들을 대하시는 따뜻한 태도였습니다. 그때 한 학생이 제 시선을 끌었습니다. 그 아이 곁에는 선생님으로 보이는 어른 한 분이 앉아 학습을 도와주고 계셨습니다. 자세히 보니, 그 학생은 말보다는 손짓과 몸의 움직임이 먼저 나왔고, 전체 지시를 바로 이해하고 따르기에는 어려움이 있어 보였습니다. 하지만 곁에서 조용히 안내해 주시는 교사의 말에 천천히 반응하고 따라 하려는 모습이 있었습니다.

발표 시간이 되자 선생님께서 학생들을 무작위로 호명하셨고, 그 아이도 차례가 되어 앞으로 나왔습니다. 무대 앞에 선 아이는 손과 몸의 움직임이 많았고, 선생님은 그 아이를 뒤에서 도와주며 발표문을 대신 읽어 주셨습니다. 그 모습을 보며 저는 그 학생이 특수교육 대상자임을 직감할 수 있었습니다. 수업이 끝난 뒤 담임 선생님과의 면담 시간이 있었습니다. 한 어머니가 조심스레 질문하셨습니다.

"선생님, 조금 아파 보이는 친구가 있던데 장애가 있는 학생인가요? 혹시 다른 아이들에게는 장애가 있다고 알려주셨나요?"

선생님은 단호하게 말씀하셨습니다.

"아니요, 학생들에게는 장애에 대해 별도로 설명하지 않았습니다."

그 대답이 저는 참 인상 깊었습니다. 이어서 선생님은 덧붙이셨습니다.

"학생들도 이미 다르다는 걸 조금은 느끼고 있을 거예요. 그런데 그 학생이 아니어도 장난을 치거나 자주 움직이는 아이들은 있거든요."

다른 학부모가 질문을 이어갔습니다.

"그럼 아이에게 장애가 있다는 것을 알려주는 것이 좋을까요, 아니면 모르게 하는 게 좋을까요?"

특수교사인 저에게도 깊이 생각해 볼 질문이었습니다. 장애가 있다고 알려주는 것이 학생을 위한 일일까, 그렇지 않을까. 특수학교에서만 근무해 왔던 저에게는 통합교육 환경에서의 고민이 새롭게 다가왔습니다.

'알리는 것'과 '알리지 않는 것'— 두 선택지 사이에는 전혀 다른 결과가 존재할 수 있습니다. 만약 "장애가 있다"고 먼저 명명된다면, 그 아이의 행동 하나하나를 장애의 결과로 해석하게 될 수 있습니다. 반대로, 다름을 전제로 함께 살아가는 환경이라면, 장애보다 그 아이가 '우리 반 친구 중 한 명'이라는 정체성이 먼저 다가올 것입니다. 장애를 명명하는 일에는 분명한 장단점이 있습니다. 전문가들은 흔히 장애 분류를 '라벨링'이라 부릅니다. 라벨링은 장애에 따른 효율적인 지원 체계를 만들고, 전문가 간 의사소통의 기반이 되며, 정책 수립과 자원 분배의 기준이 되기도 합니다. 실제로 장애 명칭 덕분에 시험시간 연장이나 보조공학기기 사용과 같은 '합리적 편의'가 제공될 수 있습니다. 또한 장애인에 대한 부정적인 표현이 난무하던 시절과 비교하면, 공식 명칭은 인권 향상과 사회적 인식 개선에 기여해왔습니다. 하지만 동시에 '낙인 효과(stigma effect)'의 문제도 존재합니다. 장애라는 이름이 부착되는 순간, 편견은 그 아이보다 먼저 행동하기 시작합니다. 교육심리학자인 로젠탈과 제이콥슨은 '피그말리온 효과'를 통해, 교사의 기대가 학생의 성취에 실질적인 영향을 준다고 말합니다. "장애가 있다"는 말이 교사의 기대치를 무의식적으로 낮추고, 그 기대가 학생의 가능성에 선을 그어버릴 수도 있다는 것입니다. 사회학자 어빙 고프만은 "낙인은 타인의 시선 속에서 형성되는 정체성"이라 말했습니다. 장애라는 명칭이 아이의 존재 전체를 설명하거나 규정짓는 '이름표'가 되어서는 안 될 것입니다. 중요한 것은 우리가 장애 명칭을 사용할 때 '무엇을 위해 사용하는가'입니다. 진단을 위한 것인지, 이해를 위한 것인지, 아니면 구분하기 위한 것인지 스스로에게 질문해 보아야 합니다.

그날의 교실에서, 저는 다시 생각하게 되었습니다. 만약 내가 특수학교가 아닌 통합학급의 담임이었다면, 이 상황을 어떻게 설명했을까요. 아직도 선뜻 답을 내리기 어렵습니다. 다만, 분명한 것이 하나 있습니다. 바로, 아이들이 어릴 때부터 다양성을 마주하는 경험이 반드시 필요하다는 점입니다. 심리학자 고든 올포트는 편견을 줄이는 가장 효과적인 방법으로 '긍정적인 접촉'을 강조합니다. 아주 어린 시절부터 서로 다름을 자연스럽게 경험하고, 함께 살아가는 시간을 충분히 갖는다면, 다름은 곧 익숙함이 되고 차별이 아닌 '차이'로 받아들여질 수 있을 것입니다. 저 역시 중학교 시절, 봉사활동으로 처음 방문했던 복지시설에서 휠체어에 앉아 몸이 뒤틀린 어르신의 모습을 보고 무서움을 느꼈던 기억이 있습니다. 지금은 그 모습이 뇌병변 장애에 의한 증상이라는 걸 알지만, 당시에는 정보도 없었고, 두려움이 먼저 생겼습니다. 만약 그보다 더 어린 시절, 장애라는 이름을 알기 전에 자연스럽게 함께했던 경험이 있었다면, 그 순간 두려움보다는 이해가 먼저 생겼을 것입니다.

세계보건기구(WHO)는 장애를 개인의 결함이 아닌, '환경과의 상호작용 속에서 발생하는 기능의 다양성'으로 정의합니다. 우리가 장애를 바라보는 시선과 태도만으로도, 그것은 결함이 아닌 차이로 이해될 수 있습니다. 그리고 그 차이를 존중하는 시선 속에서, 아이들은 더욱 자연스럽게, 편견 없이 서로를 이해하게 될 것입니다.

특수학교에서 오랜 시간 아이들과 함께하며, 익숙한 환경 속에서 지내온 저도 종종 스스로를 돌아보게 됩니다. 혹시 '장애'라는 이름이 제 안의 시야를 좁히고 있었던 건 아닐까. 아이들의 개별적인 특성을 보기 이전에, 장애 범주로 먼저 해석하진 않았을까. 그런 질문을 스스로에게 던지게 됩니다. 앞으로도 저는 질문을 계속 품을 것입니다. 이름을 붙이는 것이 아이를 이해하는 데 도움이 되는가, 아니면 오히려 한계를 짓는가. 그

답은 언제나 하나가 아니라, 관계와 맥락 속에서 찾아야 한다는 것을 기억하려 합니다. 우리가 먼저, 이름보다 아이의 삶을 바라보려는 노력을 멈추지 않을 때, 이름보다 아이의 시간을 이해하려는 그 시도가, 결국 이 일을 계속하게 만드는 이유이자 교육의 본질일지도 모릅니다.

집에 돌아온 첫째에게 도움 받는 친구에 대해 물어보았습니다. 딸아이는 "응, 민성이는 착해. 우리 반에 말 안 듣는 말썽꾸러기 남자 애들 호영이, 태민이 때문에 너무 화나!"

장애 학생을 어떻게 도와주면 좋을까요?

장애 학생을 돕는다는 말은 단순히 무언가를 대신해 주는 것을 의미하지 않습니다. 저는 오히려 '도움'이라는 이름으로 아이의 자립을 방해했던 경험을 자주 돌아보게 됩니다. 장애 학생이라 하여 안쓰럽게 여기거나 어려울까 봐 앞서서 도와주려는 태도는 때로 아이의 성장 기회를 빼앗는 결과를 낳기도 합니다.

지적 장애든 지체 장애든, 같은 진단명을 공유하고 있어도 학생 한 명, 한 명은 모두 다릅니다. 명칭은 구분을 위해 필요하지만, 개인의 고유한 성격과 행동 특성을 가리는 장막이 되기도 합니다. 저는 이를 브랜드에 비유하곤 합니다. 같은 재질의 옷이어도 특정 브랜드만 고집하는 경우가 있습니다. 비슷한 옷감임에도 브랜드 로고 하나로 선호도가 갈리는 경우처럼, 장애라는 명칭 하나로 아이의 모든 특성을 판단하게 될 위험이 있습니다.

하지만 동시에 명칭은 필요합니다. 의료적 지원, 교육 서비스, 정책 수립 등에서 명확한 기준이 있어야만 제도적인 보호가 가능하기 때문입니다. 실제로 장애 유형에 따라 특수교육 대상자에게는 개별화 교육계획

(IEP), 보조공학기기, 치료지원, 학습 보조 인력 등 다양한 맞춤형 지원이 제공됩니다. 명칭이 없다면 이 모든 지원의 출발점이 사라질 수 있습니다.

다만 사람을 대하는 일에서는 조금 다르게 접근할 필요가 있습니다. 장애라는 '이름표'보다 그 사람의 행동, 말투, 기호, 성향을 먼저 보는 시선이 중요하다고 생각합니다. 도움도 마찬가지입니다. 보호 중심의 도움보다 자립을 지지하는 도움이 필요합니다. 제가 부모로서 육아를 하면서도 느낀 점이지만, 아이가 스스로 할 수 있는데도 부모가 대신해주는 습관은 결국 아이의 독립을 늦추는 결과로 이어지게 됩니다.

이는 연구에서도 확인된 바 있습니다. 미네소타대학의 보건정책연구소(Institute on Community Integration)는 장애 학생의 자립적 삶을 위한 결정요인 중 하나로 "지원이 필요한 순간에도 스스로 결정하고 행동할 수 있도록 도와주는 촉진자적 태도"를 강조했습니다(Wehmeyer et al., 2011). 즉, 단순히 '해주는 것'이 아니라, '할 수 있도록 기다려 주는 것'이 더 효과적인 지원이라는 것입니다.

또한, 일본의 특수교육학자 우에다 유지(Ueda Yuji)는 "과잉보호는 결과적으로 장애인의 사회적 통합을 지연시킨다"고 지적하며, 지원자는 '대신해 주는 사람'이 아니라 '함께 시도하는 사람'이 되어야 한다고 말합니다. 학생이 스스로 선택하고 실수할 수 있는 기회를 보장해 줄 때, 비로소 그 학생은 삶의 주체가 될 수 있습니다.

따라서 장애 학생을 돕는 가장 좋은 방법은, 그 학생의 가능성을 믿고 기다려 주는 것입니다. 장애라는 이름이 그 학생을 규정짓지 않도록, 그리고 도움이라는 명분이 자립을 막지 않도록, 교사와 사회 모두가 한걸음 물러서서 지켜봐 줄 수 있는 용기를 가져야 한다고 생각합니다.

13

엄마들이 말하는 조기 교육에 대한 것
빨리 치료를 받으면 좋을까요?

"모든 아이는 배울 수 있다.
단지 같은 날, 같은 방식으로는 아닐 뿐이다."

조지 에반스

장애 진단을 받고 난 뒤, 부모는 많은 고민과 마주하게 됩니다. 충격과 혼란, 그리고 앞으로 무엇을 어떻게 해야 할지에 대한 막막함. 엘리자베스 퀴블러 로스(Elisabeth Kübler-Ross)는 『죽음과 죽어감』(1969) 책에서 사람이 시한부 인생을 선고받고 인지하는 과정을 5단계로 구분하여 설명하였습니다. 이 5단계 모델은 상실과 장애를 받아들이는 심리적 과정을 이해하는 데 널리 활용되고 있습니다. 1단계 부정(Denial), 2단계 분노(Anger), 3단계 타협(Bargaining), 4단계 우울(Depression), 5단계 수용(Acceptance)으로 이어진다고 하였습니다. 이 단계들은 고정된 순서로 겪는 것은 아니며 상황에 따라 반복되거나 한 단계에 오래 머물 수도 있습니다. 이런 감정적인 과정을 겪으면서도, 부모는 동시에 교육과 치료라는 현실적인 문제도 함께 고민하게 됩니다.

아이에게 어떤 교육이 필요할까, 언제부터 시작하는 게 좋을까. 사회생활을 준비시키려면 무엇을 도와줘야 할까. 말을 잘하게 도와주기 위해서는 어떤 치료를 받아야 할까. 부모의 머릿속은 복잡해질 수밖에 없습니다.

저 역시 아이를 키우며 비슷한 고민을 했습니다. 부모가 되면 시야가 마치 망원렌즈처럼 바뀌는 것 같았습니다. 다른 아이는 객관적으로 볼 수 있는데, 내 아이는 마치 코끼리 다리처럼 한 부분만 크게 보이는 느낌이었습니다. 그냥 사랑만 주면 될 줄 알았던 마음은, 시간이 갈수록 "내가 뭔가 더 해야 하지 않나" 하는 불안으로 바뀌었습니다. 아이의 언어발달이 늦다는 이야기를 들었을 때도 처음엔 기다릴 수 있었지만, 또래와의 차이가 커질수록 조급함이 찾아왔습니다. '혹시 내가 조용한 성격이라 그런가?', '내 부족함이 아이의 결핍으로 이어진 건 아닐까?' 그런 불안은 곧 아이를 바라보는 방식까지 흔들리게 만들었습니다.

그렇다면 교육은 언제부터 시작하는 게 좋을까요? 조기 교육이라고 하면 대체 언제부터를 말하는 걸까요?

언어 치료는 보통 "빠르면 빠를수록 좋다"고 이야기합니다. 실제로 많은 연구에서 조기 개입이 언어 발달에 유의미한 효과를 보인다고 보고하고 있습니다. 가정에서의 자극도 중요하지만, 장기적인 치료 계획을 세우고 체계적인 중재를 받는 것도 하나의 방법입니다. 다만, 모든 아이에게 똑같이 적용되는 것은 아니며, 어떤 아이는 인지가 먼저 발달한 후 언어를 받아들이고, 어떤 아이는 언어를 통해 인지가 함께 성장하기도 합니다.

33개월 이전은 친구와 함께 놀기보다는 혼자 노는 시기입니다. 혼자 장난감을 가지고 놀거나 역할 놀이를 시작하는 때이지요. 하지만 장애가 있는 아이들은 이런 놀이가 어려운 경우가 많기 때문에, 언어 자극을 통해 역할 놀이를 유도하거나 언어 평가를 통해 수용 언어와 표현 언어 중 어떤 영역이 더 필요한지를 확인할 수 있습니다. 또래와 장난감을 주고 받는 과정에서 배우는 사회성—기다리기, 양보하기, 고마워/미안해 말하기 같은 규칙도 언어와 함께 자라납니다. 하지만 장애 아동의 경우 이러한 관계 기술도 누군가의 지도가 필요하기에, 부모의 마음은 더욱 무거워질 수밖에 없습니다.

결정적 시기 vs 민감기

언어 발달에는 뇌가 언어를 가장 빠르고 효과적으로 받아들이는 '민감기(sensitive period)'가 있습니다. 일반적으로 18~36개월 사이가 언어 발달에 가장 민감한 시기로 알려져 있으며, 이 시기에 자극을 주는 것이 언어 습득에 매우 효과적입니다.

때로는 '결정적 시기(critical period)'라는 개념으로도 설명되는데, 이는 특정 시기를 놓치면 이후 발달이 어렵거나 불가능하다는 보다 강한 개념입니다. 언어 발달의 경우, 민감기 개념이 적절하다는 견해가 일반적입니다. 즉, 이 시기가 지나면 습득이 불가능한 것은 아니지만, 자극 효과가 크게 감소할 수 있다는 뜻입니다.

대표적으로 언어학자 에릭 레너버그(Eric Lenneberg)는 『언어의 생물학적 기초』에서 2세부터 사춘기 전까지를 언어 발달의 결정적 시기로 보았습니다. 이후에는 모국어조차 익히기 어렵다고 했지요. 실제로 청각장애 아동의 인공 와우 수술 후 빠른 언어 자극이 효과적이라는 점은 이를 뒷받침해 줍니다.

또한 미국소아과학회(Pediatrics)에서는 3개월 집중 언어 자극 프로그램을 받은 유아가 12개월 후에도 지속적인 언어 향상을 보였다고 보고하였습니다. 다른 연구들 역시 36개월 이전에 개입한 아동이 이후 개입한 아동보다 더 빠른 언어 성장을 보였다고 밝히고 있습니다. 일반적으로 18~36개월 사이가 언어 발달의 민감기로 권장됩니다.

연구로 살펴보는 조기 개입의 효과

아이의 언어 발달이 느린 것을 발견했을 때, 부모로서 가장 먼저 떠오르는 고민은 "언어 치료를 언제부터 시작해야 할까?"일 것입니다. 조급해지기도 하고, 기다려야 하나 싶기도 하지요. 그러나 다수의 연구에 따르면, 언어 발달에 있어서 조기 자극은 시작이 빠를수록 효과가 크다는 것이 분명하게 나타나고 있습니다.

레스콜라(Rescorla, 2005)의 연구에서는, 21~30개월 '말늦은아동'을 대상으로 12주간 언어 자극을 실시한 결과, 아동의 언어 표현과 발화 명확성은 큰 폭으로 개선되었고, 사회적 상호작용과 부모 스트레스 감소 역시 유의미한 긍정적인 변화를 보여주었습니다.

부슈만 외 (Buschmann et al., 2009)의 연구에서는, 24~27개월의 '말늦은아동'을 대상으로 부모가 언어 자극 기법을 배워 실천한 중재군과, 아무런 개입 없이 기다린 대조군을 비교했습니다. 12개월 후 중재군의 75%가 '말늦음' 상태에서 벗어난 반면, 대조군은 44%에 그쳤습니다. 즉, 31%포인트의 회복률 차이가 있었고, 이는 중재 효과가 뚜렷하게 입증된 결과입니다.

위 두 개의 논문 및 자료를 통해 조기 교육이 실질적으로 의미 있다는 것을 살펴볼 수 있습니다.

조기 개입은 당장 결과를 바라고 시작하는 것이 아닙니다. 시작점일 뿐입니다. 아이의 가능성을 조금 더 일찍 열어보자는 의미에 가깝습니다. 아이마다 발달 속도는 다릅니다. 어떤 아이는 조용하지만 이해력이 빠를 수 있고, 어떤 아이는 단어 수는 적지만 사회성이 뛰어날 수도 있습니다. 중요한 건, 부모의 직감을 무시하지 않는 것입니다. "왠지 좀 다른데?" "또래보다 말이 늦지 않나?" 하는 작은 의문이야말로 가장 정확한 신호일 수 있습니다. 언어는 단순히 말하는 기능만이 아니라, 사고하고, 관계를 맺고, 자신을 표현하는 전반적인 능력과도 연결되어 있습니다. 조기 개입은 아이의 문을 조금 더 일찍 열어주는 열쇠가 될 수 있습니다. 따라서 조기 언어 자극은 통계적으로도, 실제 현장에서의 효과로도 매우 유의미한 변화를 일으킵니다. 18~36개월, 특히 36개월 이전이 민감기로 가장 권장되는 시기입니다. 해보고 맞지 않으면 다른 길을 찾을 수 있습니다. 언어는 단순히 말하는 능력을 넘어서, 생각하고 소통하고 관계를 맺는 방식 전반에 영향을 미칩니다. 조기에 적절한 자극을 통해 아이가 더 넓은 세상과 연결될 수 있도록, 부모의 민감한 관찰과 신속한 대응이 무엇보다 중요합니다.

꽃잎 넷

함께 만들어 가는 세상, 특수교육의 미래

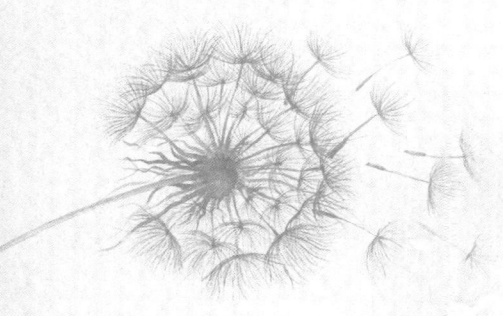

1. 편견과 이해 사이, 특수교육에 대한 사회적 인식
2. 함께 걸어가는 길, 특수교육 정책과 제도
3. 따뜻한 손길, 특수교육에 관한 경제적 지원
4. 따뜻한 눈길, 특수교육에 관한 사회적 관심
5. 나누는 지혜, 주요 단체 및 정보
6. 현장의 목소리, 나의 생각과 제안

1

편견과 이해 사이, 특수교육에 대한 사회적 인식

"문제는 장애가 아니라,
장애를 바라보는 우리의 시선이다."

케이티 스노우

몇 달 전, 한 일반학교에서 어떤 특수교육 대상 학생이 흉기 난동을 벌이고 교직원 5명, 일반 시민 1명에게 부상을 입힌 사건이 있었습니다. 뉴스에서도 계속 후속 기사가 오를 만큼 화제가 되었습니다. 이 기사를 두고 비난의 댓글이 쏟아졌습니다. 왜 그 학생을 일반학교에서 교육을 시키느냐, 왜 정신병원으로 보내지 않았느냐, 왜 일반학생과 같이 교육을 받게 하느냐, 왜 남에게 피해를 주느냐 하는 등의 내용이었습니다.

여러 사건이 연이어 일어나 통합교육을 바라보는 사회의 따가운 시선이 느껴지는 듯합니다. 겉으로 아무 일이 없어보여도 내용은 살얼음판인 학교의 분위기를 느낌으로 짐작하고 있습니다. 한번 일이 터지면 큰 일이 날 듯 특수교육 대상 학생들을 바라보고 있습니다. 일반학교에서 특수교육 대상 학생을 데리고 있는 것은 마치 수류탄을 품고 있는 듯한 느낌입니다. 마치 원래는 그곳에 없어야 하는 것인데 있는 것처럼 말이지요. 그런데 생각해보면 특수학생들 모두가 그런 것은 아닙니다. 또 일반학교에서도 특수교육대상자가 아니어도 학급에서 곤란한 일을 일으키는 학생은 있을 수 있습니다. 뉴스에 나지 않았을 뿐입니다. 앞서 설명한 내용 중에 있었듯이 장애의 다양성을 생각해 보아야 하고 일반학교의 비장애인 학생 중에서도 교사가 다루기 어려운 학생이 있을 수 있습니다. 표면으로 드러나지 않았을 뿐입니다. 다만 특수교육 대상 학생의 경우 큰 사건으로 이어지는 경우가 간혹 있기에 사회의 눈초리가 따가울 수 있을 것입니다.

저도 분노에 찬 댓글의 의미를 충분히 이해하고 있습니다. 사건이 일어난 그 시간, 아무것도 모르고 차를 운전하며 일상을 시작하던 시민이 아무것도 모른 채 흉기를 든 학생에게 위협을 당했으니까요. 얼마나 무서웠을까요. 사람들이 그렇게 화가 났던 것은 가만히 있던 사람이 당했다는 분노, 걱정, 그리고 미리 막을 수 있지 않았을까 하는 안타까움 등 여러 감정이 들었기 때문일 것입니다. 그리고 그 화는 누군가를 향한 원망이나 비난, 탓을 하고 싶은 마음으로 나올 수밖에 없었을 것입니다. 하지만 이 사건을 계기로 우리가 바라봐야 할 것은 특정 학생이나 특수교육 대상자를 비난하는 것이 아니라, 왜 그런 일이 발생했는지, 그리고 그 일이 벌어졌을 때 어떻게 대처해야 하는지를 고민하는 것입니다.

특수교육대상자라고 해서 늘 위험하거나 문제가 되는 것은 아닙니다. 모든 학생들이 각자 다르듯이, 특수교육 대상 학생도 각기 다른 특성과 행동 양상을 가지고 있습니다. 많은 특수교육 대상자들은 눈에 띄지 않는 작은 지원과 배려 속에서 훌륭히 학교생활을 해나가고 있습니다. 문제는 특수교육을 담당하는 교사나 관련 인력, 그리고 제도적인 지원이 부족한 상황에서, 일부 학생들이 겪는 어려움을 제대로 이해하거나 관리하지 못하고 있다는 점입니다. 학교의 교사도 충분히 학생을 위해 상담을 했을 것입니다. 그러나 혼자의 힘으로 갑작스러운 돌발행동을 막기는 어려웠을 것입니다.

 한 학생이 '난동'이라 불리는 상황을 만들 때까지의 과정은 결코 짧지 않습니다. 분명히 그 전에 여러 번의 신호가 있었을 것입니다. 하지만 교육 현장에서는 그 신호를 읽지 못했거나, 읽었다 해도 대응할 수 있는 자원이나 역량이 부족했던 것은 아닐까요? 사건이 터지자 수많은 사람들이 공포와 분노를 표현하지만, 정작 그 상황을 예방하고 관리하는 일에 대한 관심은 부족한 게 현실입니다. 또한 우리는 특수교육대상자를 정신병원이나 시설과 같은 공간으로 보내는 것이 문제의 근본적인 해결책인지도 다시 생각해봐야 합니다. 장애를 가진 학생들이 사회와 격리될수록, 이 학생들이 사회에 통합되고 적응할 수 있는 기회는 더욱 줄어들게 됩니다. 모든 학생들이 함께 생활하고 배우는 과정을 통해서만 다양성을 이해하고 수용하는 사회를 만들 수 있습니다. 물론, 이것이 결코 쉬운 일은 아니지만 그렇다고 해서 포기하거나 회피할 수 있는 문제도 아닙니다.

 결국 이 사건을 통해 우리 사회는 특수교육을 바라보는 시선을 조금 더 성숙하게 만들어야 합니다. 문제가 발생했을 때 그 문제를 단순히 '누군가의 탓'으로 돌리기보다는, 이런 상황을 어떻게 예방할 수 있을지, 그리고 사건이 발생했을 때 어떻게 신속하고 안전하게 대응할 수 있을지 구체적인 대안을 고민하는 자세가 필요합니다.

 이제 우리는 '왜 특수교육대상자가 여기 있느냐'가 아니라, '어떻게 하면 이 학생들이 안전하게, 그리고 함께 잘 살아갈 수 있을까'를 물어야 할 때입니다.

해외에서는 위기 상황을 대비한 긴급 대응 매뉴얼과 학생 개별 행동 중재 계획을 철저하게 운영하고 있습니다. 핀란드의 경우 교사뿐 아니라 전문 행동 중재 지원 인력이 상주하여 위기 상황에 빠르게 대처하고, 교사와 학생 모두에게 충분한 심리적 지원을 제공하여 사고를 미리 예방합니다.

핀란드 통합교육의 특징:
대부분의 특수교육 대상 학생이 일반학교에서 통합교육을 받고 있습니다. 특수학교는 중증 장애나 특정 전문 지원이 필요한 소수 학생만 다닙니다. 약 90% 이상의 특수교육 대상자가 일반학교에 통합되어 수업을 받고 있습니다.

다중 수준 통합지원(Three-tiered support system)
핀란드에서는 3단계 지원 체계(일반 → 강화된 → 특수지원)를 학교 전반에 걸쳐 적용합니다.
일반지원: 모든 학생에게 긍정적 행동 강화, 명료한 규칙, 일상적 정서지원 제공
강화된 지원: 행동에 어려움이 있는 학생에게 교사·상담사·특수교사가 개별 계획 수립
특수지원: 행동 중재 전문가 등 전문 인력이 상주하며 일대일 지원을 수행

CICO 프로그램
학생이 아침에 교사나 조력자와 Check-In(하루 목표 확인)을 하고, 수업 중에는 간단한 피드백을 받으며, 하교 전에는 Check-Out(목표 달성 점검 및 강화)을 하는 구조적 지원 프로그램입니다.

주로 행동·주의집중 문제를 보이는 학생, 즉 통합학급에서 생활하지만 추가적인 행동적 지원이 필요한 학생을 대상으로 하며 시각적 카드, 포인트 차트, 부모와의 일일 피드백 연계 등을 활용합니다.

교사와 전문가 간의 협력 시스템

일반 교사와 특수교사, 행동중재 전문가가 팀을 이루어 학생 개개인을 지속적으로 관리하고 일부 핀란드 학교는 정신건강 간호사 혹은 심리 상담 전문가를 상주 배치해, 위기 상황을 미리 감지하고 대응합니다.

부모 · 교사 간 협력 체계 ("Let's Talk about Children")

'LTC'라는 개입 모델을 활용하여, 교사와 부모가 함께 참여해 아동의 일상, 정서 상태, 강점과 취약점을 논의하고 협력 계획을 수립합니다. 이 방식은 양측의 협력을 강화함으로써 학생에 대한 이해를 높이고, 문제 발생 시 통합적으로 대응할 수 있도록 돕습니다.

핀란드의 사례는 일반학교의 교실 환경에서 특수교육 대상자나 행동 문제가 있는 학생이 함께 생활하며 효과적으로 지원받도록 설계된 시스템입니다. 이 모델은 우리나라에서 일반학교에 통합된 특수교육 대상 학생을 지원할 때도 매우 유용한 참고 사례가 될 수 있습니다.

출처: Vetoniemi, J., & Kärnä, E. (2019). Being included - experiences of social participation of pupils with special education needs in mainstream schools. International Journal of Inclusive Education. Advance online publication.

Catherine P. Bradshaw 외 (2012). Integrating School-Wide Positive Behavioral Interventions and Supports with Tier 2 Coaching to Student Support Teams: The PBISplus Model. Advances in School Mental Health Promotion, 볼륨 5(3), 177-193

모든 학생들이 각자 다르듯이, 특수교육 대상자도 각기 다른 특성과 행동 양상을 가지고 있습니다. 실제로 2024년 기준 특수교육 대상자의 약 72.8%가 일반학교에서 문제없이 통합교육을 받고 있으며(교육부, 2024), 학교 내 폭력이나 문제행동 비율도 일반학생들과 비교할 때 유의미한 차이가 없다는 연구 결과도 있습니다. 연구에 따르면 학교 내 폭력이나 문제행동 비율에서도 장애 학생과 일반 학생 간에 큰 차이가 없거나, 행동 중재 프로그램과 같은 적절한 지원이 제공될 경우 통합학급 내 문제행동 빈도가 유의미하게 감소한 것으로 나타났습니다(학교차원의 긍정적 행동지원 연구, Bradshaw et al., 2012). 이러한 연구 결과는 많은 특수교육 대상자가 눈에 띄지 않는 작은 지원과 배려만으로도 충분히 훌륭한 학교생활을 할 수 있음을 입증합니다. 따라서 특수교육 대상자를 무조건 격리하거나 회피할 것이 아니라, 학교 현장에서 보다 체계적이고 적극적인 통합지원 시스템을 구축하는 것이 필요합니다. 결국, 특수교육 대상자는 함께 살아가는 이웃이자 우리 사회의 구성원입니다. 이제 우리는 그들을 배척하거나 탓하기보다는, 안전하고 통합적인 교육 환경을 만들기 위해 구체적인 행동에 나서야 합니다. 이 일이 특수교사나 특수학교만의 숙제가 아니라 우리 모두가 함께 고민하고 해결해야 하는 과제임을 잊지 말아야 합니다.

그 외의 많은 사건들

2023년 6월	인천 한 초등학교에서 특수학급 여학생이 교사를 폭행
2023년 6월	경기 한 중학교 특수학급에서 지적 장애 남학생이 교사를 때려 발가락 골절
2024년 11월	경기 수원시 초등학교 일반학급에서 자폐성 장애 특수학생이 교장을 폭행
2025년 3월	충북 청주시 초중통합학교 특수학급 지적 장애 남중생이 교사를 폭행

2

함께 걸어가는 길, 특수교육 정책과 제도
너보다 하루를 더 살 수 있다면

"한 사회의 도덕성은 그 사회가 아이들에게
무엇을 해주는지를 보면 알 수 있다."

디트리히 본회퍼

배우 조승우 주연의 영화 〈말아톤〉을 기억하시나요? 자폐성 장애를 가진 아들과 그를 옆에서 지지하고 지키는 엄마의 이야기를 바탕으로 한 영화입니다. 그 안에서 어머니 경숙은 이렇게 말합니다.

"초원이보다 딱 하루만 더 살고 싶어요."

이 말을 들었을 때 가슴이 먹먹해졌습니다. 영화가 끝난 뒤에도 이 말이 계속 맴돌았습니다. 부모가 자식을 끝까지 지켜주고 싶은 마음, 자식보다 먼저 눈을 감을 수 없다는 간절한 바람이 담겨 있어서 그랬던 것 같습니다. 부모의 걱정과 사랑이 이 문장 안에 다 담겨있는 것 같았습니다. 만약 제 아이에게 장애가 있다면, 저 역시 같은 소원을 품지 않을 수 없을 것 같습니다. 내가 먼저 떠난다면, 내 아이를 누가 돌봐줄까. 믿고 맡길 수 있는 곳은 있을까. 형제자매가 있다면, 그들에게 부탁을 해야 할까. 그들의 남은 삶에 내 대신 짐을 지우게 되는 건 아닐까. 그 부담이 서로의 삶을 무겁게 만들지는 않을까. 이러한 여러 생각들이 마음을 휘젓고 지나갑니다.

문득 떠오르는 또 하나의 장면이 있습니다. 곰돌이 푸와 피글렛의 이야기입니다. 푸는 피글렛에게 이렇게 말합니다.

"네가 100살까지 산다면, 나는 하루 덜 살아서 너 없이 사는 날이 없게 하고 싶어."

("If you live to be a hundred, I want to live to be a hundred minus one day, so I never have to live without you." — Winnie the Pooh)

"내가 너보다 하루만 덜 살게 해 줘. 그래야 널 먼저 떠나보내지 않아도 되니까."라는 의미입니다. 이 말은 친구를 향한 깊은 애정과 함께 "혼자 견디지 않게 해 달라"는 바람을 담고 있습니다.

〈말아톤〉의 초원이 엄마와 〈곰돌이 푸〉의 표현은 정반대지만, 그 마음은 어쩐지 닮아있습니다. 푸는 이별의 슬픔을 피하고 싶어서 하루를 덜 살고 싶다고 말합니다. 반면, 초원이 엄마는 끝까지 지켜주고 싶어서 하루를 더 살고 싶다고 말하지요. 상황과 입장은 다르지만, 결국 그 안에 흐르는 감정에는 똑같이 '상대방을 향한 깊은 사랑'이 담겨 있습니다.

가끔 뉴스에서 장애 자녀와 함께 세상을 떠난 가족의 이야기를 접할 때가 있습니다. 그럴 때 사람들은 댓글에서 조심스럽게 말하곤 합니다.

"누가 그 어머니에게 돌을 던질 수 있을까…"

그만큼 사회에 아이를 혼자 맡기고 떠나기엔, 부모가 짊어진 책임의 무게가 너무도 컸다는 뜻일지도 모릅니다. 돌봐주는 이 없이 혼자 살아가

느니 함께 떠나는 길을 택했다는 것. 삶의 무게와 죄책감으로 가득했을 그 마음을 우리는 쉽게 판단할 수 없습니다. 그런 기사를 접할 때마다 마음이 무거워집니다. 자녀의 삶을 홀로 감당해 온 부모의 마음을 내가 너무 모르고 살아온 건 아닐까, 하는 미안함도 듭니다.

사람은 정말로 그 입장이 되어보지 않으면 완전히 이해하기 어려운 존재인 것 같습니다. 죽음을 마주하고 나서야 비로소 "정말 힘드셨겠구나" 하고 고개를 숙이게 되지만, 그 일이 벌어지기 전에는 안타까움만 있을 뿐, 실제로 손을 내밀거나 옆에 서주지 못했음을 뒤늦게 깨닫게 됩니다.

언젠가 자녀가 자라 독립하는 모습을 보는 것. 그것이 부모의 자연스러운 바람일지도 모릅니다. 어엿하게 성장하여 사회의 일원으로 살아가는 모습을 바라보는 것. 하지만 그 육아의 끝이 보이지 않는 터널 속에 있다고 느껴진다면, 그리고 그 터널이 끝나지 않을지도 모른다고 느낀다면, 그 마음은 얼마나 무거울까요. 정해진 수순에서 벗어날 수도 있다는 사실, 자녀가 독립하지 못한 채 남게 될 수도 있다는 불안과 슬픔. 그 모든 가능성까지 끌어안고 살아가는 이들의 삶은 결코 가볍지 않습니다.

사랑은 때때로 표현보다 훨씬 더 큰 무게로 다가오는 것 같습니다. 그 무게를 감당한 사람들에게 우리는 어떤 위로를 전할 수 있을까요. 그리고 이제는 개인의 질문을 넘어 우리 사회가 어떤 책임을 져야 할지 진지하게 고민해야 할 때입니다. 부모가 '하루만 더 살고 싶다'는 절박한 소원을 품지 않아도 되는 세상, 장애가 있는 자녀를 둔 가족이 홀로 싸우지 않아도 되는 구조, 그리고 누군가를 떠나보내는 대신, 함께 살아갈 수 있는 믿음과 안전망을 우리 사회가 만들어야 하지 않을까요. 돌봄은 더 이상 개인의 몫이 아닙니다. 그 무게를 함께 나눌 수 있는 사회, 그런 사회가 진짜 '함께 살아가는 사회'일 것입니다.

3

따뜻한 손길,
특수교육에 관한 경제적 지원

장애인 복지가 잘 되지 않는 이유는
돈이 없어서가 아니라 이념의 빈곤 때문이다.

울펜스버그

영화 〈그녀에게〉의 한 장면이 오래도록 마음에 남았습니다. 장애 자녀를 키우는 엄마가 선배 엄마에게 전화를 걸어 조언을 구하는 장면이었습니다.

"장애 아이 엄마들 사이에 그런 말이 있어. 애한테 월 200을 투자하면 나이 들어도 서너 살 즈음밖에 안되지만, 월 300 이상 투자하면 초등학교 3,4학년 수준까지 끌어 올릴 수 있다고. 집 가까운데 있는 치료실에 무조건 대기 먼저 걸어놔. 짧으면 몇 달 만에 연락 오는데 길면 몇 년이 걸릴 수 있거든? 나중에 연락 왔을 때 필요 없으면 안하겠다고 하면 되니까. 초등학교 1학년 수준만 되도 아이 혼자 살 수 있잖아. 그렇게 만들어야지. 우리가."

이 장면은 현실을 너무나도 적나라하게 보여주었습니다. 투자하는 금액이 아이의 미래를 좌우할 수 있다는 이 말은, 마음 한켠을 오래도록 먹먹하게 만들었습니다. 많은 전문가들이 조기 개입이 중요하다고 이야기합니다. 아이의 발달을 돕기 위해서는 생후 수 년, 적어도 8세 이전에 다양한 교육적 자극과 치료가 이뤄지는 것이 좋다고 합니다. 하지만 그 과정은 말처럼 쉽지 않습니다. 현실적인 큰 걸림돌은 '경제적 부담'과 '부모 둘 중 한 명은 아이를 돌봐야 하는 부담'입니다.

치료실 비용도 여느 입시 학원과 견줄 만큼 만만치 않습니다. 정부에서 제공하는 바우처 지원도 있지만 그 이상의 비용이 듭니다. 장애 아이를 키우는 부모가 자주 이용하는 치료는 언어치료, 놀이치료, 감각통합치료, 심리운동, 특수체육 등 매우 다양합니다. 나이가 어릴수록 다니는 곳이 더 많다고 들었습니다. 그렇게 아이를 이곳, 저곳 데리고 다니는 이유는 엄마 본인이 힘들더라도 아이의 발달에 조금이라도 더 도움이 될 것이라는 희망 때문입니다. 여기에 지체 장애가 동반되는 경우에는 작업치료나 물리치료까지 병행하게 됩니다. 대부분 일주일에 한 번이 아니라 두 번 이상 다니는 경우가 많습니다. 치료비는 결코 가볍지 않습니다. 예를 들어, 주 1회 또는 2회를 기준으로 언어치료 한 달 32만 원, 놀이치료 24만 원, 감각통합은 48만 원, 심리운동은 80만 원 정도의 금액이 나오고, 응용행동분석인 ABA(Applied Behavior Analysis)는 회당 10만정 정도로 주 4~5일씩 한다고 하면 대략 200만 원 가까이 지출이 되니, 모두 다닌다고 가정하면 한 달에 400만 원 가까운 비용이 듭니다. 치료실마다 가격이 다르기 때문에 이보다 조금은 적어질 수도 있고 더 많아질 수도 있습니다. 보험 적용 여부, 기관의 성격에 따라 금액의 차이는 있을 수 있지만 이 많은 돈을 어떻게 충당하면서 아이를 키워야 할까요?

더군다나 학생의 장애가 중증일수록 높은 확률로 부모 중에 한 사람은 경제활동을 중단하고 자녀의 뒷바라지에 전념하게 되고, 결과적으로 경제적인 어려움이 동반됩니다.

저희 반 학생의 어머님은 어릴 때는 치료실을 많이 다녔었는데 학년이 올라갈수록 기대했던 부분을 내려놓으면서 아이가 즐거워하는 활동 위주로 다니게 되었다고 말씀해주셨습니다. 아이가 좋아하는 활동이나 스트레스를 풀 수 있는 수영, 체육활동, 여가활동으로 바뀌어 나갔고 그러한 방향이 경제적인 부담도 덜해지게 되었다고 말씀해주셨습니다. 그런 말씀을 미루어보았을 때 아이가 어릴수록 치료를 조금 더 원하는 부모님이 많이 계시다는 것을 느끼게 되었고 그만큼 경제적인 부담이 많다는 것 또한 느끼게 되었습니다. 정부에서 제공하는 바우처 지원이 일부 있지만, 그것만으로는 턱없이 부족하다는 생각이 듭니다. 예를 들어, 치료지원카드 16만 원, 발달재활 바우처 평균 20만 원 합산 시, 한 달에 총 약 36만 원을 정부 지원으로 받을 수 있습니다. 지역에 따라 시도별 추가 바우처나 복지 프로그램이 있으나 아이에게 필요한 치료 종류나 횟수에 따라 지원액을 초과하는 치료비는 본인이 전액 부담해야 한다고 합니다.

이 모든 치료를 감당하며 아이를 키운다는 것은 한 가정의 모든 자원을 쏟아 부어야 하는 일이기도 합니다. 그래서 우리는 질문하게 됩니다. '아이의 가능성'을 키우기 위해 감당해야 하는 이 막대한 비용, 과연 개인의 몫이어야만 하는 걸까요? '치료는 복지'라고 말하지만, 여전히 많은 부모들은 이 복지를 온전히 누리지 못하고 있습니다. 그래서 특수교육에 대한 경제적 지원은 선택이 아니라, 아이들의 삶을 위한 '기본'이 되어야 합니다.

4

따뜻한 눈길, 특수교육에 관한 사회적 관심

"가장 깊은 슬픔은 말이 없다."

셰익스피어

장애형제, 자매를 둔 비장애형제, 자매

영화 〈원더〉를 보면, 동생 '어기'의 뒤에서 그를 바라보는 누나 '비아'가 나옵니다. 어기의 안면 장애로 인해 자연스럽게 가족의 시선과 관심은 어기에게 집중 되는데요, 항상 어기를 먼저 살피는 엄마의 눈빛을 옆에서 바라보는 누나는 엄마의 눈빛을 자신도 한 번쯤 받고 싶다는 마음을 품습니다. 장애 형제자매에게 쏟아지는 관심을 지켜보는 비장애 형제자매의 마음은 과연 어떨까요? 늘 이해해야 하고, 양보해야 하고, 참아야 한다는 말들 속에서 그 마음은 조용히 움츠러들지 않을까 생각합니다. 부모의 사랑이 더 많이 필요했을 어린 나이에도 늘 장애가 있는 형제를 향하는 부모의 시선을 그리워했을 것입니다. 본인이 할 수 있는 것보다 더 많은 것들을 스스로 해야 했을 것입니다. 그렇게 조금은 일찍 또래보다 철이 들었을 것입니다. 혼자 잠을 자는 날도 많았을 것이고, 다음날 학교 갈 준비를 위해 준비물도 혼자 챙겼을지도 모릅니다. 그것을 당연하게 여기고 자랐지만 자란 이후 그것이 슬픔이 되어 오래 가슴에 품고 살고 있을지도 모르겠습니다.

"네 동생은 왜 말을 못 해?"
"네 동생은 왜 그래?"

영화 〈그녀에게〉에서는 엄마가 키즈카페에 가자고 하니 쌍둥이 남매 중 비장애인 아이가 가기 싫다고 말합니다. 엄마가 이유를 묻자, 아이는 이처럼 대답합니다. 키즈 카페에 갈 때마다 친구들이 같은 말을 반복해서 묻는게 힘들었다고 합니다.

"친구들이 자꾸 물어보니까… 그냥 키즈카페 안 가고 산책만 하고 싶어. 산책하면 그냥 인사만 하고 지나갈 수 있으니까."

그 말은 어쩌면, 설명하지 않아도 되는 세상을 바라는 아이의 조용한 외침은 아닐까요. 처음엔 아무렇지 않게 대답하던 질문들도, 반복되면 마음에 상처가 되는 법이지요.

비장애 형제자매의 심리적 특성은 아래와 같이 몇 가지로 나타납니다(김다혜, 한재희, 2016).

① 과도한 책임감에 매임

② 애어른 역할을 감당함

③ 책임공유의 배우자를 선택함

④ 이성교제와 결혼이 두려웠음

⑤ 수치심에 형제 장애를 은폐함

⑥ 부모로부터의 심정적 소외감

⑦ 장애형제에 대한 반성적 죄책감

⑧ 대인관계에서 예민함

⑨ 부정적 감정표현은 억압함

⑩ 우호적 관계를 추구함

⑪ 장애형제 환경에서 감사함을 발견함

⑫ 돌봄 성향이 형성됨

⑬ 형제의 장애환경을 수용함

실제 인터뷰에서 초등 5학년 형은 이렇게 말했습니다.
"나는 동생이 싫은 게 아니에요. 그냥, 엄마 아빠가 나도 좀 봐줬으면 좋겠어요. 맨날 '동생 좀 봐줘' 하는 말, 이제는 나도 힘들어요."
<small>(한국 발달장애 가족지원센터 인터뷰, 2021)</small>

20대 여성, 자폐 동생이 있는 비장애 자매는 이렇게 말합니다.
"동생을 사랑하지만, 학창시절 내 이름보다 동생 이야기로 불린 적이 많았어요. 사춘기에는 진짜로 나란 사람은 아무도 안 봐주는 것 같았어요."
<small>(『형제자매의 그림자』 중에서, 한겨레 기획연재)</small>

장애 형제자매와 함께 자라는 아이들은 누구보다 빠르게 철이 듭니다. 하지만 그 성숙함은 때때로 자기감정을 억누른 결과이기도 합니다.
"나도 괜찮다고 말하지만, 사실은 괜찮지 않을 때가 많아요."
"나도 결혼을 할 수 있을까요?"
그들의 말없는 외침, 걱정에 귀 기울이는 어른이 필요합니다.

활동 선생님들은 대부분 나이 드신 분
– 흰머리와 함께 쌓여가는 시간

장애 학생들이 하교할 무렵, 학교 정문 앞에는 익숙한 모습이 하나, 둘 보입니다. 바로 일하는 엄마를 대신해 아이를 기다리는 활동 보조 선생님입니다. 초등학교 1학년이던 아이가 어느덧 고등학교 3학년이 되었는데도, 늘 그 자리에서 변함없이 아이를 맞아주시는 선생님 그렇게 12년이 흘렀습니다. 아이의 성장과 함께, 선생님의 머리 위에도 흰머리가 수북이 내려앉았습니다.

활동 보조 선생님들은 대부분 50~60대의 연세가 있으신 분들입니다. 자녀를 이미 다 키우셨거나, 발달장애 자녀를 직접 돌본 경험이 있는 분들도 계십니다. 처음에는 단순한 아르바이트로 시작하셨다가, 어느새 이 일을 평생의 일처럼 해오고 계신 분들도 많습니다.

이분들은 단순히 아이를 맡아주는 분이 아닙니다. 치료실로 바래다주시기도 하고 정기적으로 병원 치료를 데려다 주시기도 하지요. 손녀처럼 가끔은 부모를 대신해 집으로 데려가 아이를 봐주시며 힘든 부모의 마음과 손을 덜어주시려 노력합니다. 아이와 산책을 함께하고, 공부도 가르쳐 주고, 정서적으로도 깊이 연결되어 있습니다. 어떤 선생님은 저녁 늦게까지 아이를 자신의 집에서 지키다, 부모가 퇴근하고 돌아온 뒤에 차로 집까지 바래다주시기도 하고 부모가 올 때까지 곁을 지키다가 조용히 집으로 돌아가시기도 합니다. 그래서일까요. 부모님들은 가끔 걱정합니다.

"이 선생님이 아프시거나, 혹시 세상을 떠나시기라도 하면… 우리 아이는 또다시 낯선 누군가와 처음부터 다시 적응해야 할 텐데…" 하고요.

활동 보조 선생님은 단순한 돌봄이 아닌, 아이 인생의 일부가 되어주시는 분들입니다. 그분들의 헌신은 종종 가족보다 더 가족 같은 존재가 되어, 우리 아이들의 하루를 따뜻하게 지켜주고 계십니다.

장애인활동지원사 제도는 2000년대 초반 생기기 시작하였습니다. 중증장애인이 일상생활을 혼자하기 어렵다는 현실 속에서, 가족에게만 부담을 지우지 않고 국가가 돌봄을 지원해야 한다는 필요성이 제기되면서 민간 자조모임이나 NGO 단체(예: 장애여성공감, 노들장애인야학 등)에서 활동 보조 서비스를 비공식적으로 시범 운영하였습니다. 그러다

2007년 공적 서비스로 전환되고 보건복지부가 '장애인활동코조서비스' 시범사업을 시작하였습니다. 중증장애인을 위한 공공 돌봄 정책의 첫걸음으로 당시 명칭은 '활동보조인 서비스'였습니다. 주로 지체·뇌병변·시각 장애인을 대상으로 하루 일정 시간 동안 활동보조인이 방문해 신체활동, 가사, 외출을 지원하였습니다. 그러다 2011년 「장애인활동지원에 관한 법률」이 제정 및 시행되면서 제도의 법적 근거가 확보되고, 활동보조인이 공식 국가 자격 인력으로 규정되었습니다. 이때 서비스 제공 기준 마련(소득, 장애 등급 등), 활동 지원 기관 지정 및 감독 체계 구축, 이용자 권리 보호 및 부당대우 방지 장치가 포함됩니다.

 2019년부터 장애 등급제 폐지, '중증장애인' 기준이 재설정 되면서 발달장애인, 자폐성 장애 등 비신체 장애인에 대한 지원이 확대되었고 학생 대상 활동 보조 서비스(학교 활동 지원)가 확대되면서 특수교육 대상 학생들을 위한 교육 현장 내 활동보조사 수요가 증가하였습니다. 2020년대 기준 공식 명칭은 '장애인활동지원제도'로, 수행 인력을 활동지원인력, 장애인활동지원사 등으로 부르고 있습니다. 약 12만 명 이상의 장애인이 활동지원 서비스를 이용 중 (2023년 기준)이며 최근엔 야간·주말 돌봄, 응급 돌봄, 자립생활지원 등으로 영역이 확장되고 있습니다.

 이렇게 곁에서 오랜 시간을 함께하는 활동선생님들은 일상 속에서 학생의 자립을 돕는 중요한 역할을 맡고 있습니다. 등하교부터 학습, 식사 등 부모님의 자리를 대신해 주는 경우가 많습니다. 이분들이 없으면 하루의 일정이 유지되기가 어렵습니다. 하지만 안타깝게도, 이토록 중요한 일을 맡고 계신 분들의 처우는 결코 그 무게에 걸맞지 않습니다. 많은 분들이 최저임금에 가까운 대우를 받으며, 휴식이나 복지 없이 일하고 계십니다. 그럼에도 '그 아이가 기다릴까 봐'라는 마음으로 자리를 지키시는 모습은 그 자체로 울림이 큽니다. 우리는 이분들을 단지 '보조자'로 부르기보다, 교육과 돌봄 사이를 연결하는 중요한 전문가로 대우해야 합니다. 더 많은 교육과 정당한 보상, 건강을 위한 배려가 함께 이루어져야 이 따뜻한 연결이 오래 지속될 수 있을 것입니다. 또한 중증 장애인을 위해서는 연령이 차차 낮아지는 것도 좋은 대안이 될 것으로 생각됩니다. 좋은 처우와 복지를 통해 힘들지만 만족스러운 일자리로 매김 할 수 있도록 제도적으로 개선을 해준다면 더욱 좋을 것 같습니다.

장애활동보조사란? 장애인활동지원사 (또는 활동지원인력)
주로 장애인의 신체 활동 보조(식사, 화장실 이용, 세면, 이동 등), 가사 활동 보조(청소, 세탁, 장보기 등), 사회활동 보조(외출 동행, 등하교 동행, 지역사회 참여 등), 정서적 교류 및 보호자 역할을 일부 수행 합니다.

장애활동보조사 자격 조건
① 요양보호사 자격증 소지자
② 사회복지사 자격증 소지자
③ 간호사·간호조무사 자격증 소지자
④ 국가에서 지정한 '장애인활동지원인력 양성 교육' 이수자 (무자격자도 가능)

위 자격 중 하나라도 있으면 활동지원사로 등록 가능하고 많은 분들이 ④ 일반인을 위한 양성교육을 이수하고 활동보조사 일을 시작합니다.

교육 이수 후, 활동지원기관(지자체 지정)이나 사회복지시설에 지원하면 활동보조사로 배치되어, 장애인 가정 내 활동 지원, 학교 내 특수교육 대상 학생 보조, 병원, 복지관, 직업재활시설 등 외부 동행과 같은 일을 하게 됩니다.

어디서 신청하고 교육받을 수 있나?
지역별 활동 지원기관 또는 장애인 활동지원인력 교육기관에 문의
대표 기관 예시:
한국장애인복지관협회
한국장애인재단
지역 보건복지센터

출처: 「장애인활동 지원에 관한 법률 시행령」 제20조에 따른 자격을 갖춘 사람 외의 사람에 대한 교육과정)

장애인활동지원서비스 홈페이지 https://www.acleservice.or.kr/main.do

https://angelsitter.co.kr/board.view.php?board=bbs2&no=18&utm

5

나누는 지혜, 주요 단체 및 정보

장애인복지시설의 종류

① **장애인 거주시설:** 장애유형별 생활시설, 중증장애인 거주시설, 장애영유아 거주시설, 장애인 단기거주시설, 장애인 공동생활가정이 있습니다.

② **장애인 지역사회 재활시설:** 장애인복지관, 장애인 주간보호시설, 장애인 체육시설, 장애인 수련시설, 장애인 생활 이동지원센터, 한국수어통역센터, 점자도서관, 점자도서 및 녹음서 출판시설, 장애인 재활치료시설이 있습니다.

③ **장애인 직업재활시설:** 장애인 보호작업장, 장애인근로사업장, 장애인 직업적응훈련시설이 있습니다.

- 장애인 보호작업장: 보호고용으로 작업능력이 낮은 장애인에게 직업적응능력 및 직무기능 향상 훈련 등 직업재활훈련 프로그램을 제공하고, 보호가 가능한 조건에서 근로의 기회를 제공하며, 이에 상응하는 임금을 지급하며, 장애인 근로사업장이나 그 밖의 경쟁적인 고용시장으로 옮겨갈 수 있도록 돕는 역할을 하는 시설입니다.

- 장애인 근로사업장: 보호고용으로 작업능력이 있으나 이동 및 접근성이나 사회적 제약 등으로 취업이 어려운 장애인에게 근로의 기회를 제공하고 최저임금 이상의 임금을 지급하며 경쟁적인 고용시장으로 옮겨갈 수 있도록 돕는 역할을 하는 시설입니다.

- 장애인 직업적응훈련시설: 훈련시설로 작업능력이 극히 낮은 장애인에게 작업활동, 일상생활훈련 등을 제공하여 기초작업능력을 습득시키고, 작업평가 및 사회적응훈련 등을 실시하여 장애인 보호작업장 또는 장애인근로사업장이나 그 밖의 경쟁적인 고용시장으로 옮겨갈 수 있도록 돕는 역할을 하는 시설입니다.

④ **장애인의료재활시설:** 장애인을 입원 또는 통원하게 하여 상담, 진단·판정, 치료 등 의료재활서비스를 제공하는 시설입니다.

⑤ **장애인 생산품 판매시설:** 장애인 생산품의 판매활동 및 유통을 대행하고 장애인 생산품이나 서비스·용역에 관한 상담, 홍보, 관로 개척 및 정보제공 등 마케팅을 지원하는 시설입니다.

장애인 일자리사업

① **장애인 직업재활시설** : 상동

② **표준사업장** : 경쟁노동시장에서 직업 활동이 어려운 중증장애인의 안정된 일자리 창출과 사회통합 기반을 마련하기 위해 운영되는 사업장입니다. 장애인 중심의 작업환경 기준을 제시하고, 물리적 · 정서적으로 친화적인 환경을 조성합니다. 「장애인고용촉진 및 직업재활법 시행규칙」 제3조를 준수하여 한국장애인고용공단으로부터 인증을 받은 사업장을 말합니다.

③ **사회적기업** : 영리기업과 비영리기업의 중간 형태로, 사회적 목적을 우선적으로 추구하면서 재화 · 서비스의 생산 · 판매 등 영업활동을 수행하는 기업입니다. 「사회적기업 육성법」에서는 취약계층에게 사회서비스나 일자리를 제공하여 지역주민의 삶의 질을 향상시키는 등의 사회적 목적을 추구하며, 고용노동부 장관의 인증을 받은 기업을 사회적기업으로 정의하고 있습니다.

기타 기관

건강가정지원센터 https://www.familynet.or.kr/web/index.do
교육부 국립특수교육원 https://www.nise.go.kr/main.do?s=nise
다문화가족지원포털 다누리 https://www.liveinkorea.kr/portal/main/intro.do
발달장애인훈련센터 https://www.kead.or.kr/ddtintrd/cntntsPage.do?menuId=MENU0734
서울장애인가족지원센터 http://seoul.dfsc.or.kr/main/index.php

서울특별시 한부모가족지원센터
https://www.seoulhanbumo.or.kr/han/main/index.do

장애인 고용포털(구인구직) https://www.worktogether.or.kr/main.do

장애인인권침해예방센터

장애인정책-보건복지부 https://www.mohw.go.kr/

장애인활동지원 https://www.ableservice.or.kr/main.do

전국장애인부모연대 https://www.bumo.or.kr/

중앙장애아동-발달장애인지원센터 https://www.broso.or.kr/mainPage.do

직업능력개발원 http://hkivs.or.kr/index.htm

한국 장애인고용공단 https://www.kead.or.kr/

한국건강가정진흥원 https://www.kihf.or.kr/web/index.do

한국사회복지정책연구원 http://www.kswi.or.kr/

한국자폐인사랑협회 https://autismkorea.kr/

한국장애인개발원 https://www.koddi.or.kr/

한국장애인복지관협회 http://www.hinet.or.kr/

한국장애인부모회 https://www.kpat.or.kr/

한국장애인직업재활시설 협회 https://www.kavrd.or.kr/kavrd/

한국지적발달장애인복지협회 https://kaidd.or.kr/main/

지역별종합/장애인복지관 (2025년 6월 10일 기준)

시도	시군구	법인현황	시설명
서울	강남구	사복)사회복지법인 대한불교조계종 봉은	강남장애인복지관
서울	강남구	사복)밀알복지재단	강남세움복지관
서울	강남구	사복)자애종합복지원	성모자애복지관
서울	강남구	사복)한국청각장애인복지회	청음복지관
서울	강남구	충현복지재단	충현복지관
서울	강남구	사복)하상복지재단	하상장애인복지관
서울	강동구	푸르메	서울장애인종합복지관
서울	강동구	재단법인부산성베네딕도수녀회성분도복지관	성분도복지관
서울	강동구	한국시각장애인복지재단	한국시각장애인복지관
서울	강동구	사)홀트아동복지회	홀트강동장애인복지관
서울	강북구	사복)대한불교조계종사회복지재단	강북장애인복지관
서울	강서구	사단법인)한국뇌성마비복지회	강서뇌성마비복지관
서울	강서구	사복)기쁜우리월드	기쁜우리복지관
서울	강서구	사복)성요한복지회	늘푸른나무복지관
서울	관악구	실로암시각장애인복지회	실로암시각장애인복지관
서울	관악구	사회복지법인승가원	관악구장애인복지관
서울	광진구	사복)한국소아마비협회	정립회관
서울	구로구	재)성프란치스꼬수녀회	성프란치스꼬 장애인종합복지관
서울	구로구	사복)에덴복지재단	에덴장애인복지관
서울	금천구	사복)상금복지회	금천장애인복지관
서울	노원구	사단법인 한국시각장애인연합회	노원시각장애인복지관
서울	노원구	한국뇌성마비복지회	뇌성마비복지관
서울	노원구	사복)다운회	다운복지관
서울	노원구	사단법인 한국지체장애인협회	북부장애인복지관
서울	노원구	대한민국상이군경회	상이군경복지관
서울	노원구	사회복지법인 성민	성민장애인복지관

서울	도봉구	사회복지법인 한국장로교복지재단	도봉장애인복지관
서울	동대문구	사복)동안복지재단	동대문장애인복지관
서울	동대문구	제칠일안식일예수 재림교한국연합회유지재단	동문장애인복지관
서울	동작구	SRC	남부장애인복지관
서울	동작구	사)한국지적발달장애인복지협회	발달장애인복지관
서울	동작구	사회복지법인 서울삼성원	삼성소리샘복지관
서울	마포구	재단법인 마포복지재단	마포장애인복지관
서울	서대문구	한국농아인혼회	서대문농아인 복지관
서울	서대문구	사)한국지체장애인협회	서대문장애인종합복지관
서울	서초구	사랑의복지재단	사랑의복지관
서울	서초구	서울가톨릭사회복지회	서초한우리정보문화센터
서울	성동구	(재)성모성심수도회	성동장애인복지관
서울	성북구	사복)승가원	성북장애인복지관
서울	성북구	사회복지법인 대한맹인복지회	성북시각장애인복지관
서울	송파구	재단법인 기독교대한감리회유지재단	송파구방아복지관
서울	송파구	사복)선한목자재단	서울시각장애인복지관
서울	송파구	함께하는 복지	송파인성장애인 종합복지관
서울	양천구	대한예수교장로회총회(합동측) 복지재단	양천해누리 복지관
서울	영등포구	대한불교조계종사회복지재단	영등포장애인복지관
서울	용산구	영락사회복지재단	용산장애인복지관
서울	은평구	사복)엔젤스헤이븐	서부장애인복지관
서울	은평구	사복)굿피플우리 복지재단	은평구립우리장애인복지관
서울	종로구	재단법인 두루메	종로장애인복지관
서울	중구	사회복지법인 서울가톨릭사회복지회	서울특별시중구장애인복지관
서울	중랑구	사회복지법인 우린보은동산	원광장애인복지관
부산	금정구	부산광역시금정구장애인협회	금정구장애인복지관
부산	기장군	한성복지재단	기장장애인 복지관
부산	남구	부산광역시 남구장애인협회	남구장애인복지관
부산	남구	사회복지법인 나사함복지재단	나사함발달장애인복지관
부산	동구	사회복지법인 행복한오늘	동구장애인복지관

부산	동래구	한결재단	동래구장애인복지관
부산	부산진구	주는사랑복지재단	부산진구장애인복지관
부산	북구	한국뇌성마비복지회 부산울산경남지회	부산뇌병변복지관
부산	북구	부산시각장애인복지연합회	부산광역시시각장애인복지관-
부산	북구	부산광역시 북구장애인협회	북구장애인종합복지관
부산	사상구	주는사랑복지재단	사상구장애인복지관
부산	사하구	부산광역시 사하구장애인협회	사하구장애인종합복지관
부산	서구	부산광역시 서구장애인협회	서구장애인복지관
부산	수영구	청전	수영구장애인복지관
부산	연제구	내원	부산광역시장애인종합복지관
부산	영도구	대한예수교장로회총회 고려학원	영도구장애인복지관
부산	해운대구	대한성공회유지재단	해운대구장애인복지관
대구	달서구	대구시지체장애인협회	대구광역시달구벌종합복지관
대구	달서구	대구광역시시각장애인연합회	대구시각장애인복지관
대구	달서구	한국농아인협회	대구광역시청각언어장애인복지관
대구	달성군	한국지체장애인협회 대구달성군지회	달성군장애인복지관
대구	북구	상록뇌성마비복지회	상록뇌성마비복지관
대구	수성구	국제라이온스협회356-A(대구)지구	대구장애인종합복지관
인천	강화군	대한불교조계종사회복지재단	강화군장애인복지관
인천	계양구	노틀담수녀회	노틀담복지관
인천	남동구	사회복지법인 인천가톨릭사회복지회	남동장애인종합복지관
인천	동구	한원복지재단	동구한마음종합복지관
인천	미추홀구	사)인천광역시시각장애인복지연합회	인천광역시시각장애인복지관
인천	미추홀구	대한성공회유지재단	미추홀장애인종합복지관
인천	부평구	송암복지재단	부평장애인종합복지관
인천	서구	기독교대한감리회 사회복지재단	인천광역시서구 장애인종합복지관
인천	연수구	한울정신건강복지재단	인천장애인종합복지관
인천	중구	사회복지법인 미선	인천광역시중구 장애인종합복지관
인천	중구	사회복지법인 미선	인천광역시중구 장애인종합복지관 영종분관

광주	동구	은성복지회	동구장애인복지관
광주	서구	세석밀알	광주광역시서구장애인복지관
광주	남구	다솜복지회	광주광역시남구장애인복지관
광주	남구	광주광역시시각장애인연합회	광주광역시시각장애인복지관
광주	북구	광주광역시장애인종합지원센터	광주광역시장애인종합복지관
광주	북구	무지개공동회	엠마우스복지관
광주	광산구	광산구청	광산구장애인복지관
대전	동구	사회복지법인 밀알	밀알복지관
대전	동구	한국지체장애인협회	동구아름다운복지관
대전	동구	한국농아인협회	대전광역시립손소리복지관
대전	중구	대전광역시시각장애인연합회	대전광역시립산성종합복지관
대전	서구	사회복지법인 기독교연합봉사회	행복한우리복지관
대전	유성구	한국지체장애인협회	유성구장애인종합복지관
대전	유성구	사회복지법인 성재원	대전광역시립 장애인종합복지관
대전	대덕구	대전가톨릭사회복지회	대덕구장애인종합복지관
울산	중구	로사리오카리타스	울산광역시장애인종합복지관
울산	남구	울산광역시시각장애인복지연합회	울산광역시시각장애인복지관
울산	동구	사회복지법인 로사리오카리타스	울산광역시동구장애인복지관
울산	북구	어울림복지재단	울산광역시 북구 장애인복지관
울산	울주군	울주군시설관리공단	울주군장애인복지관
세종	세종시	세종충남가톨릭사회복지회	세종시장애인복지관
세종	세종시	세종충남가톨릭사회복지회	세종시장애인복지관
경기	수원시	수원중앙복지재단	수원시장애인종합복지관
경기	수원시	천주교수원교구사회복지회	호매실장애인종합복지관
경기	용인시	한국지체장애인협회	용인시처인장애인복지관
경기	용인시	사회복지법인 양지바른	용인시기흥장애인복지관
경기	용인시	사회복지법인 지구촌사회복지재단	용인시수지장애인복지관
경기	고양시	홀트아동복지회	고양시장애인종합복지관
경기	성남시	한국지체장애인협회	성남시장애인종합복지관
경기	성남시	밀알복지재단	한마음복지관
경기	화성시	사회복지법인 대한불교조계종	화성시아르딤복지관

경기	화성시	지구촌사회복지재단	화성시동탄아르딤복지관
경기	부천시	사회복지법인 인천가톨릭사회복지회	부천시장애인종합복지관
경기	남양주시	재단법인 대한성공회 유지재단	남양주시장애인복지관
경기	남양주시	사회복지법인 대한불교조계종 사회복지재단	남양주시북부장애인복지관
경기	안산시	사회복지법인 밀알복지재단	안산시장애인복지관
경기	안산시	동산복지재단	안산시상록장애인복지관
경기	평택시	에바다복지회	에바다장애인종합복지관
경기	평택시	평택복지재단	평택북부장애인복지관
경기	안양시	사단법인 성민원	안양시관악장애인종합복지관
경기	안양시	사회복지법인 돕는사람들	안양시수리장애인종합복지관
경기	시흥시	사회복지법인 룸비니	시흥장애인종합복지관
경기	김포시	사회복지법인 인천가톨릭사회복지회	김포시장애인복지관
경기	파주시	주내자육원	파주시장애인종합복지관
경기	의정부시	한국지체장애인협회	의정부시장애인종합복지관
경기	광명시	(재)성모성심수도회	광명장애인종합복지관
경기	하남시	한국장로교복지재단	하남시장애인복지관
경기	군포시	사랑의손길	군포시장애인종합복지관
경기	오산시	세교복지재단	오산장애인종합복지관
경기	오산시	오산대학교 산학협력단	오산시하나울복지센터
경기	양주시	경기도시각장애인연합회	경기도시각장애인복지관
경기	양주시	휴먼복지회	양주시장애인종합복지관
경기	이천시	사회복지법인 승가원	이천시장애인종합복지관
경기	구리시	사회복지법인 휴먼복지회	구리시장애인종합사회복지관
경기	안성시	한길복지재단	안성시장애인복지관
경기	의왕시	대한불교조계종사회복지재단	희망나래장애인복지관
경기	양평군	대한불교조계종사회복지재단	양평군장애인복지관
경기	여주시	대한불교조계종 사회복지재단	여주시장애인복지관
경기	동두천시	한국장로교복지재단	동두천시장애인종합복지관
경기	과천시	푸르메재단	과천시장애인복지관
경기	가평군	가평군복지재단	가평군장애인복지관

강원	춘천시	사회복지법인 기독교대한감리회 사회복지재단	강원특별자치도장아인종합복지관
강원	춘천시	천주교춘천교구사회복지회	춘천시장애인종합복지관
강원	원주시	마가렛사회복지회	원주시장애인종합복지관
강원	원주시	사회복지법인 원주가톨릭사회복지회	양업토마스장애인종합복지관
강원	강릉시	(사)한국교통장애인협회	강릉시장애인종합복지관
강원	태백시	홍이회	태백장애인종합복지관
강원	속초시	사회복지법인 기독교대한감리회 사회복지재단	강원특별자치도 장애인종합복지관 속초분관
강원	홍천군	대한불교조계종 사회복지재단	홍천군장애인복지관
강원	횡성군	횡성군사회복지협의회	횡성군장애인종합복지관
강원	평창군	사회복지법인 기독교대한감리회 사회복지재단	강원특별자치도장애인 종합복지관 평창분관
강원	철원군	사회복지법인 기독교대한감리회 사회복지재단	강원특별자치도장애인 종합복지관 철원분관
충북	충주시	숭덕원	충청북도장애인종합복지관
충북	청주시	천주교청주교구사회복지회	청주시장애인종합복지관
충북	청주시	천주교청주교구사회복지회	혜원장애인종합복지관
충북	제천시	대한불교조계종사회복지재단	제천장애인종합복지관
충북	보은군	재단법인청주교구천주교회유지재단	보은군노인장애인복지관
충북	옥천군	사회복지법인 존석복지재단	옥천군장애인복지관
충북	영동군	사)한국지체장애인협회	영동군장애인복지관
충북	증평군	증평복지재단	증평군장애인복지관
충북	진천군	한국지체장애인협회	진천군 장애인복지관
충북	괴산군	한국지체장애인협회	괴산군장애인복지관
충북	음성군	대한성공회 유지재단	음성군장애인복지관
충북	단양군	대한불교 천태종복지재단	단양장애인복지관
충남	공주시	(사)한국지체장애인협회 충남협회	남부장애인종합복지관
충남	공주시	세종충남가톨릭사회복지회	공주시 장애인종합복지관
충남	금산군	지자체	금산군 장애인복지관
충남	논산시	대전가톨릭사회복지회	논산시사람꽃복지관
충남	당진시	당진시복지재단	당진시 장애인종합복지관

충남	보령시	사회복지법인 보령학사	서부장애인종합복지관
충남	부여군	사회복지법인 부여성심원	부여군 장애인종합복지관
충남	서산시	(사)한국지체장애인협회 충남협회 서산시지회	서산시 장애인종합복지관
충남	서천군	대전교구천주교회유지재단	서천군 장애인종합복지관
충남	아산시	한국지체장애인협회	아산시 장애인복지관
충남	예산군	예산군장애인연합회	예산군 장애인종합복지관
충남	천안시	충청남도시각장애인연합회	시각장애인복지관
충남	천안시	대한성공회유지재단	천안시 장애인종합복지관
충남	천안시	대한성공회유지재단	천안시 누리별장애인종합복지관
충남	청양군	사회복지법인 보령학사	서부장애인종합복지관 청양분관
충남	태안군	한국지체장애인협회	태안군 장애인복지관
충남	홍성군	(사)한국지체장애인협회 충남협회 홍성군지회	홍성군 장애인종합복지관
전북	전주시	사회복지법인 동암	전북특별자치도장애인복지관
전북	고창군	(사)한두레장애인자립생활협회	고창군장애인복지관
전북	군산시	전주가톨릭사회복지회	군산장애인종합복지관
전북	김제시	김제제일복지재단	김제시장애인종합복지관
전북	남원시	한기장복지재단법인	남원시장애인종합복지관
전북	무주군	삼동회	무주장애인종합복지관
전북	부안군	한기장복지재단	부안장애인종합복지관
전북	순창군	사단법인 한국지체장애인협회	순창군장애인복지관
전북	완주군	나누는사람들	완주군장애인복지관
전북	익산시	사회복지법인중도원	익산시장애인종합복지관
전북	장수군	사단법인 나누는사람들	장수군장애인복지관
전북	전주시	중도원	전주장애인종합복지관
전북	정읍시	지자체	정읍시장애인복지관
전북	진안군	반월복지재단	진안군장애인종합복지관
전남	강진군	한국지체장애인협회	강진군장애인종합복지관
전남	고흥군	전라남도장애인단체총연합회	고흥군장애인종합복지관
전남	광양시	삼동회	광양시 광양장애인복지관

전남	광양시	삼동회	광양시 중마장애인복지관
전남	구례군	재단법인 대한예수교장로회 순천노회유지재단	구례군장애인복지관
전남	나주시	사단법인 선인사회복지회	전라남도장애인종합복지관
전남	담양군	개인	혜림종합복지관
전남	목포시	한국지체장애인협회	목포시장애인종합복지관
전남	목포시	성골롬반복지재단	명도복지관
전남	무안군	대송의료재단	무안군장애인종합복지관
전남	보성군	전남밀알복지재단	보성군장애인복지관
전남	순천시	(사)한국YWCA연합회후원회 순천YWCA	순천시장애인종합복지관
전남	여수시	은현	여수시장애인종합복지관
전남	영암군	영암군	영암군장애인종합복지관
전남	완도군	(사)전라남도장애인단체총연합회	완도군장애인복지관
전남	장성군	사)한국지체장애인협회	장성군장애인종합복지관
전남	진도군	임마누엘복지재단	진도군장애인종합복지관
전남	해남군	대한불교조계종사회복지재단	해남군장애인종합복지관
경북	경산시	사회복지법인 기아대책	경산시장애인종합복지관
경북	경주시	사회복지법인대한불교조계종 불국사복지재단	경주시장애인종합복지관
경북	구미시	한국교통장애인협회	구미시장애인종합복지관
경북	문경시	한국지체장애인협회	문경시장애인종합복지관
경북	봉화군	애명	경상북도장애인종합복지관 봉화분관
경북	상주시	천주교안동교구사회복지회	상주시장애인종합복지관
경북	안동시	애명	경상북도장애인종합복지관
경북	안동시	대한불교조계종	안동시장애인종합복지관
경북	영덕군	애명	경상북도장애인종합복지관 영덕분관
경북	영양군	사회복지법인 애명	경상북도장애인종합복지관 영양분관
경북	영주시	대한불교조계종사회복지재단	영주시장애인종합복지관

경북	영천시	한국지체장애인협회	영천시장애인종합복지관
경북	울진군	고우이복지재단	울진군장애인종합복지관
경북	의성군	사회복지법인 애명	경북장애인종합복지관 의성분관
경북	청도군	휴먼복지회	청도군장애인복지관
경북	칠곡군	사)한국지체장애인협회	칠곡군장애인종합복지관
경북	포항시	대구가톨릭사회복지회	포항시장애인 종합복지관
경북	포항시	사회복지법인 열린가람	포항시북부장애인 종합복지관
경북	포항시	사단법인 경북시각장애인연합회	경상북도 시각장애인복지관
경북	포항시	경북행복재단	경상북도여성 장애인복지관
경남	거제시	(재)거제시희망복지재단	거제시장애인복지관
경남	거창군	대한불교조계종 사회복지재단	거창군삶의쉼터장애인복지관
경남	고성군	천주교마산교구사회복지회	고성군장애인복지센터
경남	김해시	재단법인 김해시복지재단	김해시장애인종합복지관
경남	김해시	재단법인 김해시복지재단	김해시서부장애인종합복지관
경남	남해군	전영	남해장애인종합복지관
경남	밀양시	사회복지법인 인애복지재단	밀양시장애인복지관
경남	사천시	(사)경상남도장애인부모연대	사천시장애인종합복지관
경남	산청군	사회복지법인 두류복지재단	산엔청복지관
경남	양산시	(재)양산시복지재단	양산시장애인복지관
경남	양산시	(재)양산시복지재단	시나브로복지관
경남	진주시	전영	진주시장애인종합복지관
경남	창녕군	경상남도지체장애인협회창녕군지회	창녕군장애인종합복지관
경남	창원시	사회복지법인범숙	창원시장애인종합복지관
경남	창원시	경상남도사회서비스원	경상남도장애인종합복지관
경남	창원시	천주교마산교구사회복지회	마산장애인복지관
경남	창원시	마산교구천주교회유지재단	진해장애인복지관
경남	통영시	통영시사회복지협의회	통영시장애인종합복지관
경남	하동군	지자체	하동군노인장애인종합복지관
경남	함안군	사)경상남도지체장애인연합회 함안군지회	함안군장애인재활센터
경남	함양군	사회복지법인함양군복지회	함양군장애인복지센터

경남	합천군	천주교마산교구사회복지회	합천군장애인복지센터
제주	서귀포시	춘강	서귀포시장애인종합복지관
제주	제주시	사회복지법인 농애원	제주도농아복지관
제주	제주시	제주특별자치도사회서비스원	우리복지관
제주	제주시	한국지체장애인협회	탐라장애인종합복지관
제주	제주시	춘강	제주특별자치도장애인종합복지관
제주	제주시	사회복지법인 살다	제주시각장애인복지관

출처: 보건복지부

6.
현장의 목소리, 나의 생각과 제안

"우리를 갈라놓는 것은 '차이'가 아니라,
그 차이를 인식하고, 받아들이고,
기뻐할 수 없는 능력의 부족이다."

오드리 로드

있으면 좋겠지만, 아직은 없는 것들

미국과 영국에서의 생활을 돌아보면, 가장 인상 깊었던 것은 '공간'이었습니다. 그 공간들은 학생을 중심에 두고 설계되어 있었습니다. 계단 대신 완만한 경사로가 이어지고, 수업은 교실에서만 이루어지는 것이 아니라 수영장, 원예실, 작업치료실 등 다양한 장소에서 이루어졌습니다. 치료사, 언어치료사, 간호사, 보조인력들이 하나의 팀이 되어 함께 움직이는 시스템도 인상 깊었습니다. 무엇보다 좋았던 점은 '교육'과 '치료', '돌봄'이 나누어져 있지 않았다는 것이었습니다. 한 공간 안에서 자연스럽게 연결되어 있었습니다. 수업을 하다가 치료를 받고, 치료 후에는 생활동으로 돌아가 스태프들과 함께 저녁을 먹고 놀이 시간을 가지는 일상이었습니다. 낯선 구조였지만 너무나 당연해 보여 부럽기도 했습니다.

그곳은 학생들에게도, 교사에게도, 그리고 부모에게도 일상적인 삶의 공간이었습니다.

한국으로 돌아온 뒤에는 그런 구조가 왜 우리에게는 어려운지 고민하게 되었습니다. 우리나라는 여전히 학교와 시설, 치료와 교육, 돌봄과 학습을 철저히 분리하여 바라보고 있습니다. 학생은 오전엔 학교, 오후엔 치료센터, 저녁엔 다시 집으로 돌아가는 분절된 일상을 반복합니다. 그 이동의 피로는 학생과 부모, 그리고 때로는 교사가 함께 감당해야 하는 몫이 됩니다.

왜 우리는 한 공간에서 이 모든 것을 함께 꾸리는 것이 이렇게도 어려운 걸까요. 행정의 이원화, 부처 간의 권한 분리, 예산 구조의 경직성 때문일지도 모르겠습니다. 또는 '장애 학생'이라는 존재를 여전히 특별하게, 그래서 따로 관리해야 할 대상으로 바라보는 사회적 시선 때문일지도 모릅니다.

현장에 있는 교사로서 늘 아쉽게 느끼는 것은 '사람의 수'입니다. 아이 한 명 한 명의 특성을 잘 알고, 그에 맞는 지도가 가능하려면 사실은 더 많은 사람이 필요합니다. 미국이나 영국에서는 교사 혼자 학생을 책임지지 않았습니다. 늘 누군가 함께 있었고, 어떤 활동이든 서로 도와가며 할 수 있었습니다. 하지만 우리 현실은 다릅니다. 교사가 수업을 하며 행동지도도 하고, 치료 연계도 하고, 생활지원도 도맡아야 합니다. 학생 수가 많아질수록 '수업'보다는 '관리'가 우선이 될 수밖에 없는 구조 속에서, 교사는 늘 무언가를 미처 다 못해낸 채 하루를 마감하게 됩니다.

한 가지 더 이야기하고 싶은 것이 있습니다. 미국과 영국에서 머물렀던 학교에는 기숙사 형태의 생활공간이 함께 운영되고 있었습니다. 대부분은 학기 내내 기숙사에 머물러 생활했다가, 방학에는 집에 돌아갔다

개학 후 다시 기숙사로 돌아왔습니다. 부모는 더 이상 매일 학교에 등하교를 시킬 필요가 없었고, 아이는 학교라는 안정된 공간에서 생활의 리듬을 갖출 수 있었습니다. 저는 그 기숙사 공간이 단지 '잠만 자는 곳'이 아니라, 부모의 삶을 함께 고려한 시스템이라는 생각이 들었습니다. 누군가의 일상이 송두리째 흔들리지 않도록, 아이를 믿고 맡길 수 있는 곳이 마련되어 있다는 것. 그 자체가 하나의 교육복지라고 느껴졌습니다. 또한 기숙사는 그냥 잠만 자는 공간이 아닌 일상생활 훈련을 할 수 있고 자립을 연습하는 공간이 되기도 하였습니다.

우리나라에도 언젠가는 이런 학교가 생기면 좋겠습니다. 한 센터 안에 학교, 병원, 기숙사, 전문가들이 함께 머무는 곳 말입니다. 장애 학생이 머무는 공간이 단지 교육의 공간이 아니라 삶의 공간이 되도록, 그리고 그 삶이 학생과 가족 모두에게 지속 가능한 것이 되도록 설계된 학교 말이지요. 아직은 없습니다. 하지만 저는 바라고 있습니다. 그리고 그런 바람을 기록하는 일 또한, 이 길을 걷는 교사로서 제가 할 수 있는 작은 시작이기를 바랍니다.

특수교육 대상 학생과 동떨어진 특수교육 교육과정

특수교육 교육과정은 일반학교 교육과정에 의존성이 높습니다. 특수교육 교육과정은 2015 개정 교육과정 시기까지 일반학교 교육과정이 고시된 해를 넘겨서 고시되기도 하였습니다. 초·중등학교 교육과정이 고시되면 초등학교와 중학교에서 사용하는 공통 교육과정을 기반으로 일부 교과목의 교육과정을 장애 유형별 특성에 맞게 특수교육 공통 교육과정으로 조정·수정을 하는데 이를 위한 후속 연구 개발 기간이 필요했기 때문입니다. 이 같은 일은 2015 개정 교육과정 시기까지 이어졌습니다. 그

후 2022 개정 교육과정 고시는 우리나라 교육과정 역사상 처음으로 같은 날 같은 시간에 교육과정이 고시되었습니다. 그러나 교육과정이 같은 날 같은 시간에 개정·고시 되었다고 해서 특수교육 교육과정의 일반학교 교육과정 의존성 문제가 해결된 것이 아닙니다. 교육과정의 형식과 내용이 일반학교 교육과정의 기본 틀에 갇혀 있기 때문입니다. 교육과정의 형식과 내용이 일반학교 교육과정의 틀에 갇혀 있다 보니 특수고사는 교육과정과 교실과의 거리감을 좁히는 데 큰 어려움을 겪습니다. 현장의 요구나 현실성보다 형식적 일치를 우선시하는 경우가 많았습니다.

그렇다면 기본 교육과정은 어떨까요? 기본 교육과정은 지적장애나 자폐성장애 학생이 재학 중인 특수학교의 초등학교 1학년부터 고등학교 3학년까지의 학생과 시각·청각·지체장애 특수학교 재학생 중 중복장애로 그 정도가 심한 학생에게 편성하여 운영할 수 있습니다. 발달 수준, 생활 연령 등을 고려해 지역사회 생활이나 사회통합에 필요한 실생활과 연계되는 내용을 중심으로 구성되어 있습니다. 그러나 이 역시 학생의 특성이 모두 다르고 수준이 다른데 여전히 틀에 맞춰져 있습니다. 학생들의 특성과 수준은 모두 다른데 일반 초등학교 교육과정과 같은 구조의 편제라는 평준화 된 점이 의아합니다. 때문에 특수학교의 교사들 역시 학생들에 맞도록 기본 교육과정을 다시 재구성하는 과정을 거치게 됩니다.

특수교사들은 대부분 '공문으로 전달받고 뒤늦게 알게 되는' 방식으로 새 교육과정을 접하며, 변형해 적용하게 됩니다. 현장의 교사들은 말합니다. '정말 우리한테 이게 맞는 건가?' 그래도 특수교사들은 대부분 덤덤히 변화를 받아들이는 경우가 많습니다. 그동안의 변화 속에서도 나름의 학교 교육과정을 고안하고 생각하면서 학생들을 가르쳐왔기 때문입니다. 특수학교의 경우에는 기본 교육과정을 적용하여 그 변화의 독이 크지 않아 상대적으로 어렵지 않지만, 일반학교 특수학급의 경우에는 일반학교 교육과정을 사용해야 하기 때문에 교육과정을 재구조화하거나 수정해야 하는 과정이 더욱 힘들게 느껴졌을 것 같습니다.

"일반학교 교육과정에 따라 성취기준이 바뀌면, 우리는 그걸 낮춰서 정리하라고만 해요. 그런데 현실에서 적용은 불가능하거든요."

"현장에서 장애 학생에게 필요한 건 완전히 다른 접근인데, 항상 일반교육 흐름에 맞추라고 하니까… 이게 무슨 개별화죠?"

이러한 교육과정의 개정 방향과 교실에서의 적용 방법이 특수교육 대상 학생의 발달 특성, 학습 속도, 학습 방식, 접근 방식을 고려한 것인지 의문이 생깁니다. 특수교육 대상 학생은 진단명뿐 아니라 인지, 의사소통, 감각, 정서 행동 등 전반에 걸쳐 다양성이 큰 집단입니다. 그런데 개정 특수교육 교육과정은 여전히 일반학교 교육과정에서 파생된 '하향 적용' 방식으로, '낮추는 것'에는 집중하지만 '맞추는 것'에는 실패하고 있습니다. 결과적으로 장애 학생은 교육과정과 맞지 않게 되고, 교사는 과중한 개별화교육 조정 부담을 떠안게 됩니다. 장애 학생의 특성이나 지원체계가 반영되지 않은 성취기준 아래 교사가 해야 하는 평가의 부담감은 상당히 큽니다. 2022 개정 교육과정 이후 특수교육 교육과정도 개정되었지만, 여전히 형식만 다를 뿐 실제 교육과정의 접근 방식은 동일합니다. 특수교육이 진정한 의미의 독립적 교육체계로 존중받기 위해서는, 더 이상 '수정판 교육과정'이 아닌 '당당한 주체의 교육과정'으로 재구조화되어야 하지 않을까 조심스럽게 생각합니다.

교육과정은 단지 문서가 아닙니다. 그것은 학생의 삶을 바꾸는 방향이자, 교사가 가야 할 길을 제시하는 나침반입니다. 특수교육 교육과정이 진정한 교육과정으로 기능하기 위해서는, 더 이상 일반학교 교육과정의 그림자 속에 존재해서는 안 됩니다. 장애 학생을 위한 교육과정은 '따라가는 교육'이 아니라, '맞추는 교육'이어야 합니다. 지금 우리에게 필요한 것은 수정된 교육과정이 아니라, 주체적인 특수교육 교육과정입니다. 장애학생에게 필요한 것은 낮아진 기준이 아니라, 그들의 삶에 맞는 기준입니다. 그리고 이를 가능하게 할 사람은, 현장에 있는 특수교사와 학생들이라고 생각합니다.

특수학교에도 고교학점제가?

특수학교에도 2025년부터 고등학교 1학년을 대상으로 고교학점제가 전면 시행되었습니다. 학생이 자신의 진로와 적성에 따라 과목을 선택하고, 정해진 학점을 이수하면 졸업할 수 있는 제도입니다. 교육과정의 다양화, 학생 선택권 확대, 맞춤형 학습이라는 목표는 분명 매력적입니다. 특히 특수교육 대상 학생에게 고교학점제는 기회이자 동시에 도전입니다. 하지만 현장에서는 준비되지 않은 제도가 낯선 혼란으로 다가옵니다. 잘 설계되면 진로의 지도를 그리는 통로가 될 수 있지만, 지금처럼 불균형한 환경에서는 제한과 배제의 구조로 작동할 위험도 크다고 느껴집니다.

학생이 자신의 흥미와 강점을 따라 과목을 선택할 수 있다는 점은 분명 긍정적입니다. 기존의 획일적인 교육과정을 넘어, 보다 개별화된 학습 경험이 가능해지기 때문입니다. 특수교육 대상 학생에게도 진로와 자율성을 스스로 설계할 수 있는 기회가 주어진다면, 고교학점제는 새로운 가능성을 품은 제도가 될 수 있습니다. 실제 학교 현장에서 느낀 고교학점제의 긍정적인 면도 있습니다. 진로탐색 수업 시간에 다양한 직업 체험 활동과 관련 수업을 준비할 수 있었고, 학생들은 이전에 접해보지 못했던 직업 수업을 경험하며 진로에 대한 시야를 넓혀갔습니다. 예를 들어 바리

스타 실습, 공예 체험, 원예 활동, 제과·제빵 수업 등은 학생들에게 '나도 할 수 있다'는 자신감을 심어주었고, 진로를 구체적으로 상상하는 계기가 되었습니다. 이러한 경험은 학생이 자신의 강점과 흥미를 발견하고, 삶과 연결된 배움을 만들어가는 데 실질적인 도움이 되었습니다.

그러나 현실에서는 '선택하세요'라는 말과 달리, 정작 선택할 수 있는 과목이 거의 없는 상황이 반복되고 있습니다. 조금 더 설명을 하자면 기본 교육과정은 교과와 과목이 구분되어 있지 않습니다. 공통과목, 선택과목, 자율 과목 등에 해당하는 개념이 없이 과목 구조가 단조롭습니다. 예를 들어 일반학교 교육과정에는 공통국어1, 공통국어2가 있고 일반선택에는 화법과 언어, 독서와 작문, 문학과 같은 세부 교과가 나뉘어 있는 것과 달리 기본 교육과정의 경우에는 국어 교과목에 해당하는 세부 교과가 없습니다. 결국 일반학교 교육과정과 동일한 구조의 교육과정 편제로는 특수학교에서 학생 선택권이 보장된 학점제 기반의 교육과정 운영이 어렵습니다.

학교의 규모, 여건, 교원 배치 등의 제약으로 인해 학생의 선택권은 형식적으로만 존재하는 경우가 많고, 결국 기존 수업이 이름만 바뀐 채 운영되는 현상도 흔하게 나타납니다. 선택지가 없거나, 있어도 따라가기 어려운 수업이라면, 선택은 오히려 또 다른 부담이 될 수 있습니다. 또한 고교학점제는 과정 중심 평가를 지향한다고 하지만, 실제로는 이수 기준이라는 정량화된 기준이 여전히 강조되고 있습니다. 특수교육 대상 학생은 수업 참여나 활동 과정에서 의미 있는 성장을 보이더라도, 이를 점수나 수치로 환산하기 어려운 경우가 많습니다. 개별화교육계획(IEP)의 서술형 평가와 학점제의 구조적 평가 기준이 따로 운영되는 현실 속에서, 학생의 배움이 왜곡되거나 평가되지 않는 경우도 생깁니다. 학생의 변화를 숫자와 표준화된 지표로만 판단하려 든다면, 진짜 배움은 평가받지 못한 채 사라질지도 모릅니다.

특수교사 역시 이 새로운 제도를 운영하기 위한 충분한 준비가 되어 있지 않은 것이 현실입니다. 많은 교사들이 기초학력 지도나 일상생활 중심의 수업에 익숙한 반면, 전문 과목이나 직업 과목 운영에 대한 경험은 부족한 편입니다. 특히 일반학교에서 일반교사가 운영하는 선택 과목 수업에 특수교육 대상 학생이 참여할 경우, 수업 내에서 '그림자 수강생'이 되는 사례도 발생할 수 있습니다. 새로운 제도에는 새로운 전문성이 요구되는 만큼, 교사에 대한 연수와 실질적인 지원이 반드시 병행되어야 합니다.

고교학점제가 특수교육 대상 학생에게 진정한 '기회'가 되기 위해서는 단순한 구조의 도입이 아니라, 교육 철학에 기반한 주체적인 재구성이 필요하다고 생각합니다.

첫째, 특수교육 교육과정의 주체성을 확보해야 합니다. 일반학교 교육과정의 개정에 단순히 의존하는 것이 아니라, 특수교육만의 목표와 방식이 담긴 교육과정이 독립적으로 설계되어야 합니다. 예를 들어 일반학교 교육과정이 지필 중심의 성취기준을 따른다면, 특수학교 교육과정은 의사소통, 자립생활, 사회참여 중심의 성취기준으로 구성되어야 할 것입니다.

둘째, 특수학생을 위한 맞춤형 학점제 모델이 도입되어야 합니다. 국가교육과정에 기반 하되, 학교와 학생 특성 및 요구를 반영한 학교 교육과정 편제 및 시간 배당의 자율성이 커지면 학생 중심의 맞춤형 교육과정과 현장의 실정에 맞는 유연한 교육과정 운영이 가능할 것입니다.

'전환학점제'나 'IEP 연계형 학점제'와 같은 별도 구조를 통해, 진로교육, 자기관리, 지역사회 참여 등 실생활 중심 과목을 학점으로 인정하고, 개별화교육계획과 연계한 목표와 평가 기준을 운영할 수 있어야 합니다. 예를 들어 '생활 속 경제활동' 과목에서는 ① 화폐 구분하기 ② 지출 계획 세우기 ③ 예산 맞춰 장보기 등의 단계별 목표를 설정할 수 있습니다.

셋째, 특수교사를 위한 연수를 확대하고, 평가 방식 역시 유연화 되어야 합니다. 포트폴리오형 평가나 참여 중심 평가가 확산된다면, 다양한 특성을 가진 학생들의 성장을 더욱 정밀하게 반영할 수 있을 것입니다.

넷째, 지역 공동교육체제를 구축할 필요가 있습니다. 학교 단위에서 과목 선택권을 충분히 보장하기 어려운 특수학교의 특성을 고려하여, 권역별 연합 과목이나 온라인 공동 교육과정을 운영하는 것도 방법이 될 수 있습니다. 예를 들어 특정 지역 특수학교들이 협력하여 온라인 바리스타 수업이나 생활요리 수업을 함께 운영하고 이를 학점으로 인정받는 방식입니다.

다섯째, 장애특성에 맞는 평가 기준이 마련되어야 합니다. 절대평가와 개별 성장 중심 평가로 전환하여, 학생의 변화와 노력 그 자체를 인정하는 평가가 이루어져야 합니다. 말하기, 영상, 그림, 활동사진 등 다양한 수행평가 방식이 활성화되어야 하며, 그것이 곧 학생의 배움을 기록하는 새로운 언어가 되어야 합니다.

고교학점제는 '모든 학생에게 맞춤형 교육을 제공하겠다'는 이상을 품고 있습니다. 그러나 특수교육 대상 학생이 그 안에서 존중받고, 자신의 배움의 속도로 성장할 수 있으려면 단순한 구조의 이식이 아닌 주체적인 재구성이 필요합니다. 특수학생은 '특별한 지원이 필요한 존재'가 아니라, '특별히 다른 방식으로 배워야 하는 존재'입니다. 이 인식의 전환이야말로 고교학점제를 진정한 포용교육의 틀로 바꾸는 첫걸음이 될 것입니다.

꽃잎 다섯

희망을 담은 꽃잎,
특수교사의 꿈과 미래

1. 특수교사의 중요성
2. 특수교사로서의 성장과 발전
3. 특수교육의 미래를 향한 희망
4. 독자들에게 전하고 싶은 메시지

1

특수교사의 중요성

"나는 그녀의 존재가 내 존재와 떼려야 뗄 수 없는 관계이며,
내 삶의 모든 발자취가 그녀의 길 위에 놓여 있다고 느낍니다
내 안의 모든 가장 좋은 것들은 그녀의 것입니다.
그녀의 사랑 어린 손길로 깨어나지 않은 재능이나 영감,
기쁨은 내게 존재하지 않습니다."

헬렌 켈러

특별한 선생님

첫째 아이의 초등학교 입학식 날, 저는 교실 풍경에 적지 않게 놀랐습니다. 학년 전체가 두 반뿐이었고, 한 반의 학생 수도 25명 남짓으로 제 학창 시절과는 완전히 다른 모습이었습니다. 책상이 일렬로 배치되어 있었고, 짝과 나란히 앉던 교실의 기억은 이제 오래된 풍경이 되어 있었습니다. 학령 인구가 감소하고 있다는 이야기를 들은 적은 있었지만, 아이의 입학식을 통해 그 변화가 피부로 와닿았습니다. 실제로 과밀학급이 존재하는 지역도 있지만, 대다수의 일반학교는 학생 수가 줄어들고 있는 반면, 특수교육 대상 학생 수는 꾸준히 증가하고 있습니다.

[학생 수 비교]

[교원 수 비교]

    2022년 「장애인 등에 대한 특수교육법」 개정으로 기존 10개 장애유형에 더해 '중도·중복장애'가 새롭게 포함되었고, 진단 기준이 정교화되면서 이전에는 포함되지 않았던 학생들도 특수교육 대상자로 선정되고 있습니다. 특수교육지원센터의 역할 강화, 조기 진단 체계의 정비, 장애 유형별 평가 도구 보완 등을 통해 복합적 어려움을 가진 아동을 보다 이른 시기에 발견하고 지원할 수 있게 되었습니다. 보호자의 인식 변화도 무시할 수 없습니다. 장애를 숨기기보다 조기에 받아들이고 지원을 요청하는 흐름이 자리 잡고 있습니다. 이러한 변화는 통계로도 확인됩니다. 교육부 특수교육통계에 따르면, 특수교육 대상 학생 수는

- 2020년 95,420명
- 2021년 98,154명
- 2022년 103,695명
- 2023년 109,703명
- 2024년 115,610명으로 매년 증가하고 있습니다.

특수학교와 특수학급도 이에 맞춰 늘어나고 있습니다. 2021년부터 2023년까지 신·증설된 특수학교는 12교, 특수학급은 1,626개였고, 특수학교 교원 수도 같은 기간 약 3,400명이 증가했습니다. 그러나 교원 1인당 학생 수는 2022년 4.15명에서 2023년 4.29명으로 오히려 증가했습니다. 이는 특수교사의 공급이 여전히 수요를 따라가지 못하고 있는 현실을 반영합니다.

전북 지역은 이 상황을 더욱 명확히 보여줍니다. 2024년 9월 KBS 보도에 따르면, 최근 4년간 전북 전체 학생 수는 10.4% 감소했지만, 특수교육 대상자는 22.7% 증가했습니다. 하지만 도내 특수학교는 10곳에 불과하며, 특수교육 대상자 중 26%만이 특수학교에 다니고 있습니다. 나머지 학생들은 일반학교 내 특수학급 또는 일반학급에서 교육받고 있으며, 이는 교사와 학급 환경의 충분한 준비 없이는 교육적 어려움을 동반할 수밖에 없습니다. 이러한 현실에서 특수교사의 중요성은 더 이상 선택의 문제가 아닙니다. 통합교육이 확대되고 일반학교 내 특수학급이 증가하면서, 특수교사는 통합학급 교사와 협력해 수업을 계획하고, 개별화교육계획(IEP)을 수립·관리하는 핵심 인력으로 자리합니다.

특수교사는 위기 행동에 대한 이해, 의사소통 중재, 보완대체의사소통(AAC), 감각통합, 의료적 지원 등 다각적인 전문 역량을 갖추고 있어야 하며, 진단, 상담, 진로 설계, 직업 중재에 이르기까지 다양한 역할을 수행합니다. 이러한 복합적 요구를 감당하기 위해서는 지속적인 전문성 개발이 필수적입니다. 이는 단순한 연수가 아닌, 교육적 감수성과 판단력을 강화하는 실제적 성장이어야 합니다. 특히 개별화교육계획(IEP)은 단지 행정 문서가 아니라, 학생의 학습, 행동, 진로 목표를 설계하고 실행하는 교육의 설계도입니다. 이 계획을 조율하고 실현하는 중심에 있는 존재가 바로 특수교사입니다.

포용교육은 이제 선택이 아니라 국제적 기준에 부합하는 인권의 문제입니다. 유엔장애인권리협약(UNCRPD)과 「장애인차별금지법」은 차별 없는 교육을 명시하고 있으며, 이를 가장 가까이에서 실현하는 이가 특수교사입니다. 특수교사는 장애 학생만을 위한 교사가 아닙니다. 비장애 학생에게도 '다름'을 받아들이는 시선을 가르치고, 모두를 위한 학교 문화를 만들어가는 존재입니다.

특수교사의 소외되는 현실

2024년, 인천의 한 초등학교에서 특수학급을 맡고 있던 교사가 과도한 업무에 시달리다 스스로 생을 마감한 사건이 있었습니다. 뉴스를 통해 이 소식을 접하고, 특수교사에 대한 사회적 관심과 논의가 한동안 이어졌습니다. 저 역시 특수학교에 근무하며 일반학교 특수학급의 상황을 깊이 들여다본 적이 없다는 걸 뒤늦게 깨달았습니다.

보도에 따르면 해당 초등학교의 특수학급은 학생 수가 무려 16명이었고, 두 명의 특수교사가 한 학급을 나누어 맡아 각각 8명의 학생을 담당했다고 합니다. 그런데 이뿐만이 아니었습니다. 교사 한 명이 통합학급에 배치된 특수교육 대상 학생 6명까지 수시로 지원하고, 행정 업무까지 도맡아왔다는 사실도 알려졌습니다. 그는 평소 과중한 업무에 따른 심리적 불안과 스트레스를 주변에 토로해왔다고 합니다.

특수학교에서만 근무해온 저는, 솔직히 일반학교에 근무하는 특수교사의 일상에 대해 자세히 알지 못했고 저와 비슷한 경험을 할 것이라 무심코 생각을 해왔던 것 같습니다. 하지만 제 생각과 달리 일반학교의 특수교사는 혼자서 많은 짐을 짊어지고 있었습니다. 모두가 특수교사인 환경 속에서 지내던 제가 미처 생각하지 못했던 부분이었습니다. 협력보다는 분리, 존중보다는 위임의 구조 속에서 홀로 모든 것을 감당해야 하는 자리에 놓이기 일쑤입니다.

최근 교육 현장에서는 '통합교육'이라는 이름으로 장애 학생과 비장애 학생이 함께 배우는 구조를 만들어가고 있습니다. 그러나 그 중심에서 중요한 역할을 수행해야 할 특수교사는 오히려 점점 더 주변으로 밀려나고 있습니다. 학교 현장에서 특수교사는 여전히 '장애 학생을 돌보는 사람'으로만 인식되며, 특수학급은 교내 외진 구석이나 심지어 지하에 위치하는 경우도 있습니다. 교무실조차 분리되어 있어 일반교사들과의 물리적·심리적 거리감이 큽니다. 이러한 구조는 소통을 막고 협력수업의 기회를 제한하며, 특수교사의 전문성이 학교 전체 교육과정에 반영되는 것을 어렵게 만듭니다.

통합학급도 크게 다르지 않습니다. 장애 학생의 위기행동이나 감정 조절의 어려움이 발생하면 대부분의 책임은 특수교사에게 전가됩니다. 통합학급 교사가 장애 이해에 대한 사전 연수 없이 수업을 진행하고, 행동 중재, 의사소통 지원, 개별화교육계획(IEP)의 수립과 실행까지 모두 특수교사에게 맡겨지는 구조가 반복되고 있습니다. 그러한 부담은 결국 감당할 수 없는 무게로 돌아옵니다. 인천 초등학교 특수교사의 죽음은 단순한 개인의 비극이 아니라, 특수교사의 구조적 고립과 제도적 미비가 만들어낸 비극이었습니다. 이 사건은 특수교육교원 배치 기준, 학교 내 권한과 소통 구조, 협력 체계 전반에 대한 재점검을 요구하고 있습니다. 뿐만 아니라 특수교사는 학생의 돌발 행동으로부터 스스로를 보호해야 하는 상황도 자주 마주합니다.

최근 언론 보도에서는 특수교사들이 '돌발행동 대응 연수'에 몰리고 있다는 내용이 나오기도 했습니다. 실제로 저 역시 위기행동 대응과 관련된 연수 공문을 자주 접하고 있습니다. 이는 그만큼 특수교사가 물리적·정서적으로 위협받는 환경에 놓여 있음을 보여주는 현실입니다. 물론 연수는 학생의 행동을 이해하고 바르게 지도하기 위한 목적도 있지만, 그 전제부터 특수교사의 일상에 위기가 상존하고 있음을 말해줍니다.

한국교육신문의 보도에 따르면, 일반학교 내 특수학급은 '학교 안의 또 다른 학교'처럼 고립되어 있다고 합니다. 체험학습, 수련회, 축제 등의 공동 활동에서도 장애 학생은 '불편하니까', '힘드니까'라는 이유로 배제되고, 특수교사 역시 이 과정에서 목소리를 내지 못한 채 소외됩니다. 특수교육 대상자는 꾸준히 증가하고 있으나, 특수교사의 배치나 역할은 정체되어 있습니다.

이제는 특수교사를 단지 '특정 학생을 담당하는 교사'로 보는 시각을 넘어서야 합니다. 특수교사는 학교와 교육 전체의 균형을 맞추는 핵심 주체이며, 모두를 위한 교육을 실현하는 조정자이자 전문가입니다. 그러한 역할이 가능하려면 특수교사의 전문성을 존중하는 제도적 기반이 마련되어야 하며, 학교 내 수평적 협력문화, 물리적 환경 개선도 함께 이루어져야 합니다.

열악한 환경에도 불구하고 오늘도 많은 특수교사들은 학생을 위해 기꺼이 애쓰고 있습니다. 지금 이 순간에도 묵묵히 자리를 지키며, 사명감을 가지고 이 길을 준비하는 이들이 있다는 것을 압니다. 그렇기에 저는 믿습니다. 특수교사는 학교 안의 '별도 존재'가 아니라, 학교 문화를 바꾸는 주체라는 것을. 특수교사의 전문성이 학교 전체를 위한 자산이 되도록, 우리는 연결하고 존중하는 구조를 함께 만들어가야 할 것입니다.

2

특수교사로서의 성장과 발전

"우리가 믿는 것과 우리가 하는 일이 다르다면,
진정한 행복은 있을 수 없다."

프레야 스타크

특수교사는 어쩌면 뿌리와 같은 존재일지도 모르겠습니다. 땅속 깊이, 보이지 않는 곳에서 묵묵히 자리를 지키는 역할을 한다는 생각 때문입니다. 가끔은 이런 생각이 들기도 했습니다.

'나는 일을 하는데 뭔가 티 나지 않는 일을 하고 있는 건 아닐까?'

누군가는 화려한 성과를 보여주고, 누군가는 눈에 띄는 변화로 박수를 받습니다. 그에 비해 저는 같은 일을 반복하는 것 같은데 뭔가 성과가 없는 것 같다는 생각이 들었습니다. 늘 거름을 주고, 작은 싹을 보살피며, 조심스럽게 뿌리를 내리는 일에만 머무는 것 같았습니다. 그 일이 과연 얼마나 의미가 있을까, 흔들리던 때도 있었습니다.

그러던 어느 날, 아이들이 조금씩 변화하고, 자라나는 모습을 바라보다 문득 깨달았습니다. 제가 바로 그 아이들의 뿌리였다는 것을요. 그리고 그 뿌리를 따라 저 자신도 조금씩, 조용히, 깊이 자라고 있었다는 사실도 알게 되었습니다.

그 순간 떠오른 책이 있습니다. 권정생 작가의 『강아지 똥』입니다. 자신을 쓸모없고 더럽다고 느꼈던 '강아지 똥'이 결국 민들레꽃을 피우는 거름이 됩니다. 작은 존재인 자신이 누군가에게는 꼭 필요한 존재였음을 깨닫는 장면은 살아가면서도 깊은 여운을 줍니다.

특수교사로 살아가는 제 삶도 그와 닮았습니다. 세상의 눈에는 잘 보이지 않지만, 아이 한 명 한 명의 삶에 깊이 스며들어, 그 아이가 웃고, 성장하고, 뿌리내릴 수 있도록 돕는 존재입니다. 강아지 똥이 민들레를 피운 것처럼, 저는 아이들 안에 잠든 꽃씨를 믿고 매일 거름을 줍니다.

경제협력개발기구(OECD)의 『2025 교육을 형성하는 트렌드』(Trends Shaping Education 2025)는 "교육 시스템은 기후 변화, 디지털 전환과 인공지능, 정신건강 위기 등 거시적 흐름에 적응해야 하며, 불확실한 미래를 대비해 학습자를 준비시켜야 한다."고 말합니다. 유네스코(UNESCO)의 『교육의 미래: 함께 우리의 미래를 다시 그리기』(Futures of Education, 2021) 보고서도 "불평등을 바로잡고 미래를 변화시키는 새로운 사회계약으로서 교육을 재구성해야 하며, 이를 위해 지속가능성과 포용성을 교육의 핵심 가치로 삼아야 한다."고 강조합니다.

또한 세계경제포럼(WEF)의 『2030년까지 교육기술 시장을 형성할 4대 핵심 동향』(4 Key Trends that Will Shape the EdTech Market into 2030, 2024)에서는 "미래의 학습은 AI를 통한 개인 맞춤형 학습, 평생학습 속에서의 지속적 성장, 정신건강 지원, 모든 이를 위한 접근성과 포용성을 중심으로 설계될 것"이라고 전망합니다.

이러한 세계적 교육 전망은 특수교육에도 영향을 줄 것입니다. 특수교사는 변화하는 사회 속에서 다음과 같은 준비가 필요합니다.

기후 변화와 지속가능성 교육: 학생들이 환경 변화가 삶에 미치는 영향을 이해하고, 실생활에서 실천 가능한 행동을 배우도록 돕습니다.

AI · 디지털 전환 대응: 맞춤형 학습 자료, 보조공학, AAC(보완대체의사소통) 등 기술을 적극 활용해 학생의 학습 · 의사소통 기회를 확장합니다.

정신건강과 웰빙 지원: 학생과 교사 모두의 정서 회복력을 키우기 위해 SEL(사회 · 정서학습), 자기돌봄 프로그램 등을 도입합니다.

평생학습 역량 강화: 졸업 이후에도 사회 속에서 배우고 적응할 수 있도록, 문제해결 · 자기관리 · 직업기술 교육을 함께 실시합니다.

사람의 성장에서 뿌리가 튼튼해야 가지와 줄기가 건강하게 뻗습니다. 특수교사는 아이들이 미래 사회에서 흔들리지 않는 뿌리를 가질 수 있도록 가치와 방향을 심어주는 존재입니다. 변화의 속도가 빨라질수록 뿌리는 더 깊고 단단해야 합니다. 저는 오늘도 뿌리로 살아가려 합니다. 천천히, 그러나 단단하게. 언젠가 아이들이 그늘이 되고, 열매가 되고, 또 누군가의 뿌리가 되어줄 날을 기대하면서 말입니다. 우리는 모두, 누군가의 뿌리로 살아갑니다.

3

특수교육의 미래를 향한 희망

"사랑은 사랑하고 있는 자의 생명과 성장에 대한
우리의 적극적인 관심이다."

에리히 프롬

사회적 시선의 변화

"부인, 어기의 외모는 바꿀 수 없어요. 그러니 우리의 시선을 바꿔야죠."
영화 〈원더〉 속 교장선생님은 다툼이 일어난 사건에서 가해자 학생 부모에게 이렇게 말합니다. 이 말은 특수교육을 바라보는 우리 모두에게 던지는 질문이기도 합니다. 과연 우리는 시선을 바꿀 수 있을까요? 아니면 여전히 '고쳐야 할 대상'으로 장애를 바라보고 있지는 않은가요? 우리는 종종 삶에서 한계를 만날 때 극복이라는 단어를 씁니다. 또한 삶에서 어떤 어려움을 만났을 때 극복하고 싶은 마음이 생기기도 합니다. 그러나 통제할 수 없는 상황에서도 변화를 위해 애쓰지만, 원하는 결과가 오지 않으면 좌절과 슬픔이 찾아옵니다. 그래서 무엇보다 중요한 것은 극복하려 집착하기보다는 바라보는 시선을 바꾸는 것입니다.

우리의 뇌는 신기하게도 말하는 대로, 생각하는 방향으로 행동하고 말하도록 움직입니다. 부정적인 생각은 부정적인 회로를 강화합니다. 우울한 생각을 하면 그 신경의 회로가 더 많은 우울 신경과 연결되어지고 그것만 생각하게 됩니다. 때문에 감사일기, 상담, 약물, 운동 등을 통해 긍정회로를 다시 만들 수 있습니다. 저 역시 육아가 힘들 때 '사고의 전환'을 자주 사용합니다. 잠시 우주로 떠나는 상상, 카페에서 커피를 마시는 장면, 한 번도 가본 적 없는 하와이 해변에 서 있는 모습. 우스울지 모르지만, 이런 상상이 숨 쉴 틈을 만들어 줍니다.

장애는 극복의 대상이 아닙니다. 삶의 일부이며, 질병처럼 '낫거나 고쳐질' 문제가 아닙니다. 영화 〈그녀에게〉의 한 장면에서 주인공은 말합니다.

"아픈 아이가 아니라 장애가 있는 아이일 뿐이에요. 고쳐서 낫게 할 무엇이 아니라 평생을 함께 지니고 살아가야 할 정체성, 삶의 정체성입니다."

특수교사로 살아오며 아이들의 눈빛, 손길, 천천히 변화하는 삶의 리듬 안에서 '정상화'가 아닌 '존중'이라는 단어가 더 어울린다는 것을 매일 깨닫습니다. 장애는 결코 한 단어로 정의되지 않는, 각자의 삶 속에 뿌리내린 존재 방식이며 정체성입니다.

영화 〈그녀에게〉에서 장애인에 대한 단어를 새롭게 바라본 한자 해석이 아주 새롭고 반갑게 들렸습니다. 기존의 장애인(障礙人)이라는 뜻은 '막을 장(障)', '거리낄 애(礙)', '사람 인(人)'으로 신체적·정서적 장애로 인해 일상생활이나 사회생활에 제약을 받는 사람이라는 뜻입니다. 그러나 영화에서는 '길 장(長)', '사랑 애(愛)', '사람 인(人)'의 뜻으로 오랫동안 사랑받아야 할 사람들이라고 해석하였습니다. 맞습니다. 정말 누구보다도 오랫동안 길게 사랑받아야 할 사람들입니다.

특수교사라면 특수교육 대상인 학생과 그의 가족들이 누구보다 행복하기를 바라고 있습니다. 그 교육을 하는 선생님도 행복을 누려야할 대상임이 분명합니다. 그래서 어느 누구를 위해 대신 삶을 살아주는 것이 아니라, 함께 웃고, 함께 걷고, 함께 피어나는 교육이 되어야 한다고 믿습니다.

그 길은, 아이들의 있는 그대로를 바라보고 존중하는 것에서부터 시작될 것입니다. 사회가 변하여 이제 특수교육은 더 이상 보호의 영역에 머무르지 않고, 연결과 가능성의 교육으로 거듭나고 있습니다. 교실에서, 복도에서, 상담실에서, 버스정류장에서 우리는 매일 아이들의 미래를 위해 무엇을 선택해야 할지 고민합니다. 특수교육의 미래는 기술이나 정책도 당연히 필요하지만 그것만으로는 부족합니다. 가장 먼저 바뀌어야 할 것은 우리의 시선, 그리고 함께 살아가고자 하는 마음일 것입니다.

'나는 이 지상에 비밀히 던져진 씨앗 하나. 아무도 모른다. 내 안에서 무엇이 피어날지.' 박노해 시인의 이 말처럼, 특수교육의 미래도 알 수 없습니다. 한 명의 특수교사를 통해, 우리 사회의 누군가를 통해, 어떤 학생이 아름답게 피어날지 아무도 모릅니다. 그리고 지금 이 글을 읽고 있는 당신 역시 씨앗입니다. 당신을 통해 피어날 변화를 아무도 예측할 수 없습니다. 나라는 시선에서 출발하는 것, 그것이 꽃피는 세상을 향한 특수교육의 바람이며, 우리 모두의 희망입니다. 함께 걷는 발걸음은 언젠가 모두의 길이 됩니다.

통합교육을 향한 노력

저는 특수학교에만 근무해온 특수교사입니다. 그래서인지 '통합교육'

이라는 말이 머리로는 익숙하지만 마음으로는 여전히 낯설게 다가옵니다. 교실 안의 아이들과 눈을 맞추고, 각자의 속도에 맞춰 배움을 돕는 일에는 익숙해졌지만, 아이들을 '함께 살아가는 사회의 구성원'으로 바라보는 일에는 아직도 조심스럽기만 합니다. 분리는 대로 필요합니다. 중도·중복장애 학생처럼 복합적인 지원이 필요한 경우, 특수학교라는 공간은 안전하고 안정적인 보호의 울타리가 되어 줍니다. 또한 시각, 청각장애 같은 감각 장애 학생의 경우에도 특성에 맞는 교육을 위해 별도의 교육기관이 필요합니다. 일반학고의 특수학급에서 초등학교를 다녔던 동준이는 또래와 학습을 배우는데 어려움은 없었지만 심리적인 어려움으로 화장실을 이용하지 못하고 힘들어 하였습니다. 학생의 힘들다는 호소로 인해 결국 특수학고로 전학을 오게 되었습니다. 특수학교에는 모든 교사가 학생을 이해하며, 모든 환경이 학생을 위해 배려되어 있기 때문에 학생들은 숨통이 트인다고 해야할까요? 긴장하지 않고 편안해 하는 모습을 볼 수 있습니다. 다양한 사례를 경험한 결과, 어떤 학생에게는 특수학교가 꼭 필요합니다. 그러나 아이가 자라 사회로 나가야 할 때, 그 울타리는 또 다른 장벽이 되기도 합니다. 보호를 위해서, 아이에게 맞는 교육을 위한 분리였지만, 그 보호가 곧 고립이 되어버리는 순간도 있습니다. 그럴 때마다 생각합니다.

"우리가 학생들을 지켜준 시간만큼, 세상과 연결해줄 시간도 필요하지 않을까?"

통합이라는 단어를 떠올리면, 저는 문득 이런 상상을 해봅니다. '일반학교 학생이 특수학교로 와서 함께 생활해본다면 어떨까?'하고 말이지요. 교내 봉사활동이나 교류활동처럼 잠깐 방문하는 것이 아니라, 정규 교과의 일환으로 특수학교에서 일정 기간 실제로 함께 생활해보는 겁니다. 수업도 같이 듣고 또래 교사로 급식지도도 함께 해보고, 청소활동도 도와주고, 무엇보다 하루 일과를 함께 살아보는 것이죠. 그 경험은 일반 학생에게도, 특수학교 학생에게도 서로를 이해하는 시간이자 친구가 되어가는 시간을 주지 않을까 생각해보았습니다.

장애는 '설명으로 배우는 것'이 아니라, '함께 있어본 경험으로 이해하게 되는 것'이기 때문입니다. 눈빛으로, 손끝으로, 느려도 성실하게 다가오는 아이들의 마음을 하루라도 가까이에서 느껴본다면, 장애는 더 이상 불쌍하거나 특별한 것이 아니라 '그저 조금 다른 삶의 모습'으로 받아들여질 수 있을 것입니다.

국내에서도 일반초등학교와 인근 특수학교가 함께 사물놀이 동아리 활동을 했던 통합 교류 프로젝트 사례가 있었습니다. 이 활동을 통해 비장애 초등학생의 정서지능과 장애 수용 태도가 유의미하게 향상되었고, 중도·중복 장애 학생 역시 사회적 상호작용 능력과 정서적 안정감, 자신감이 눈에 띄게 향상되었다는 결과가 나타났습니다. 통합교육이 단순히 공간을 공유하는 것이 아니라, 서로 배우는 경험이라는 사실을 증명해준 사례였습니다. 비장애 학생들은 '함께 어울리는 대상'으로 장애를 받아들이게 되었고, 장애 학생들은 또래와의 상호작용 속에서 '존중받는 존재'임을 느꼈을 것입니다. 분리의 교육 환경 속에서도 우리는 끊임없이 통합을 바라보고 있습니다.

통합은 특별한 제도나 법으로만 완성되지 않습니다. 조금은 불편하고 낯선 사람들과 함께 지내보는 경험, 속도를 맞춰 기다려주는 연습, 그리고 '나와 다름'을 있는 그대로 받아들이는 시간 속에서 통합은 자랍니다.

저는 오늘도 아이들과 함께 특수학교라는 분리된 공간 안에서 하루를 시작합니다. 하지만 이 공간 속에서도, 아이들이 세상과 조금 더 가까워질 수 있도록, 작은 다리를 놓아주고 싶습니다. 완전한 통합은 어려울 수 있지만 불완전하더라도 시도하는 통합은, 여전히 의미 있다고 생각합니다.

4

독자들에게 전하고 싶은 메시지

"공통점과 차이점을 모두 경청하고 축하할 때,
우리는 더 지혜롭고 포용적이며 성장한 공동체가 됩니다."

패티 와돌스

보편적 학습 설계(Universal Design for Learning, UDL)라는 말이 있습니다. 단지 장애가 있는 학생을 위한 전략이 아니라, 모든 학생이 자신의 방식으로 배우고 참여할 수 있도록 돕는 교육의 틀입니다. 배움의 속도가 느린 아이, 말로 표현이 어려운 아이, 몸이 불편한 아이 모두가 같은 자리에서 성장할 수 있을 때, 우리는 비로소 교육의 본질에 다가섭니다. 그 시작은 거창한 변화가 아니라, 한 명의 학생을 있는 그대로 받아들이는 교사의 시선과 작은 실천에서 비롯됩니다.

이 개념을 이해하기 위해 '계단과 경사로'의 비유를 떠올려 봅니다. 계단만 있는 건물은 휠체어를 사용하는 사람이 진입하기 어렵습니다. 하지만 경사로가 설치되면 휠체어 이용자뿐 아니라, 유모차를 미는 부모, 무거운 짐을 끄는 사람, 다리에 부상을 입은 사람 모두가 편리하게 이용할 수 있습니다. 경사로는 특정 집단만을 위한 것이 아니라, 모두를 위한 설계입니다. 또한, 집을 지을 때를 생각해 보세요. 이미 완성된 집을 나중에 리모델링하는 것보다, 처음부터 원하는 구조로 설계해 짓는 것이 훨씬 쉽고 자연스럽습니다. 어떤 건축가는 "리모델링은 제약이 많지만, 처음부터 새로 지으면 원하는 공간을 훨씬 자유롭게 만들 수 있다"고 말했습니다. 교육도 마찬가지입니다. 수업이 시작된 후에 특정 학생을 위해 구조를 바꾸는 것보다, 처음부터 모두를 포함하는 설계로 시작하는 것이 훨씬 효율적이고 효과적입니다. 보편적 학습 설계가 바로 '처음부터 짓는 학습 설계'입니다.

보편적 학습 설계는 세 가지 원칙을 바탕으로 합니다.

첫째, 표상의 다양성입니다. 어떤 아이는 눈으로, 어떤 아이는 귀로, 어떤 아이는 손으로 학습을 이해합니다. 때문에 다양한 방식으로 자료를 제공해주는 것입니다. 글자와 함께 그림·사진·아이콘을 제공하고, 필요할 경우 음성 변환 기능을 활용합니다. 실물자료, 동영상, 가상현실(VR) 등 다양한 도구를 병행하여, 핵심 용어는 쉬운 문장과 함께 설명해 줍니다. 시각장애 학생이나 촉각으로 배우는 학생에게는 입체 모형이나 점자 자료를 제공합니다.

둘째, 행동 및 표현의 다양성입니다. 배운 것을 표현하는 방법 역시 아이마다 다릅니다. 글로 쓰는 대신 그림을 그리고, 사진을 찍고, 목소리를 녹음하거나 영상을 만들 수도 있습니다. 학생들이 배운 내용을 다양한 방식으로 표현할 수 있도록 기회를 제공합니다. 글쓰기뿐 아니라 그림, 사진, 음성 녹음, 영상 발표 등 여러 형식의 과제를 허용하며, 보완대체의 사소통기기(AAC), 전자 필기구, 특수 키보드 등 보조공학 기기를 활용할 수 있도록 지원합니다. 큰 과제를 작은 단계로 나누어 성취감을 느끼게 하고, 짝 활동과 그룹 프로젝트를 통해 서로의 강점을 발휘하게 합니다.

셋째, 참여의 다양성입니다. 아이들이 배우고 싶은 마음이 생기도록 하는 것이 시작입니다. 학생들이 학습에 자발적으로 참여할 수 있도록 동기를 부여합니다. 주제·활동·과제 형식을 선택할 수 있게 하며, 학생의 관심사와 취미를 수업과 연결합니다. 조금씩 난이도를 높여 도전 의식을 유지하고, 자기평가와 교사의 즉각적인 피드백을 통해 학습 과정을 점검합니다. 그렇게 교실은 '해야 하는 곳'에서 '하고 싶은 곳'으로 바뀝니다.

이 원칙은 한 유치원 통합 교실에서의 사례로 잘 드러납니다. '톰'이라는 특수교육 대상 학생은 전통적인 종이 연습지 활동에서는 집중도가 낮고 과제를 거의 완수하지 못했습니다. 그러나 모바일 게임 기반 학습 프로그램인 '토도 수학'을 사용하자 상황이 달라졌습니다. 그는 수업 시간 내내 몰입하며 문제를 해결했고, 주의가 산만해지는 모습이 거의 사라졌습니다. 학습 도구를 유연하게 설계했을 뿐인데, 평소 참여하지 않던 학생이 주도적으로 학습에 참여하게 된 것입니다. 톰의 사례는 특정 학생만이 아니라, 모든 학생이 수업에 접근하고 성취를 경험하도록 돕는 실제적인 힘을 보여줍니다.

보편적 학습 설계는 통합교육과 특수교육 모두에서 적용할 수 있습니다. 예를 들어, 일반학급의 '태양계' 수업에서는 행성 사진 카드(시각자료), 행성 모형(촉각자료), 글쓰기·PPT 제작·노래 부르기(표현 방식), 모둠 토론과 개인 포스터 제작(참여 방식)을 함께 구성할 수 있습니다. 특수학교의 '키오스크 사용하기' 수업에서는 실제 기기, PPT, 종이 모형을 병행하여 사용하고, 역할극과 모둠별 가게 운영 게임을 통해 참여를 유도합니다. 메뉴 선택 과정에서 학생이 좋아하는 음식을 직접 고르고 주문하도록 하여 학습 동기를 높입니다. 개별화교육과 비슷한 개념이지만 조금 다릅니다. 보편적 학습 설계는 학교 건물을 처음 설치할 때 경사로·자동문·넓은 복도를 함께 설계하는 것입니다. 누구든 불편 없이 이용할 수 있도록 기본 구조 자체를 포괄적으로 만드는 것입니다. 개별화교육은 그 건물 안에서 특정 학생을 위해 경사로 각도를 조정하거나, 추가 손잡이를 설치하는 것입니다. 즉, 개별 맞춤 조정입니다. 현장에서 가장 이상적인 방식은 보편적 학습 설계 기반의 수업 환경 속에서 개별화 계획 목표를 실행하는 것입니다

"특수교육은 '누구도 배제되지 않는 세상'을 향한 첫 걸음입니다."

그 걸음을 교실에서부터 내디딜 때, 교육은 소수만의 이야기가 아니라 우리 모두의 이야기가 됩니다. 지금 우리가 만드는 한 걸음 한 걸음이, 더 포용적이고 더 따뜻한 사회로 이어질 것입니다. 보편적 학습 설계는 그 길을 열어주는 실제적 도구이며, 오늘의 교실에서 이미 시작할 수 있는 변화입니다. 또한 보편적 학습 설계의 가치는 교실에만 머무르지 않습니다. 가정에서도, 직장에서도, 마을에서도 적용될 수 있습니다. 가정에서는 놀이 규칙을 아이들의 연령과 특성에 맞게 변형하거나, 그림, 손짓으로도 대화할 수 있습니다. 예를 들어, 글자를 모르는 아이에게는 그림이 있는 보드게임 카드를 주고, 글을 읽기 어려운 할머니에게는 레시피를 사진으로 보여드릴 수 있습니다. 직장이나 모임에서는 회의 자료를 문서뿐 아니라 시각 자료나 시연, 녹음본 등 다양한 형식으로 제공할 수 있습니다. 지역사회 행사에서도 안내문을 글, 그림, 음성으로 모두 제공하면 더 많은 사람이 참여할 수 있습니다.

보편적 학습 설계는 특별한 제도나 큰 예산이 필요한 일이 아닙니다. 우리가 서로의 차이를 존중하고, 누구나 참여할 수 있는 방법을 미리 고민하는 순간, 이미 보편적 설계는 시작된 것입니다. 교실에서 시작된 포용의 시선이 일상으로 이어질 때, 우리는 '누구도 배제되지 않는 세상'이라는 목표에 한 걸음 더 가까워집니다. 포용은 먼 미래의 이상이 아니라, 오늘의 작은 선택에서 자랍니다.

특수교육을 이해하는 순간, 우리는 모든 교육이 결국 한 사람 한 사람을 위한 맞춤형 배려임을 깨닫게 됩니다. 보편을 향한 길은 오직 빠르고 똑똑한 아이들만의 길이 아니라, 느린 아이, 말 없는 아이, 조용한 아이, 몸이 불편한 아이까지 함께 걸을 수 있을 때 비로소 완성됩니다. '보편적 설계(Universal Design for Learning)'라는 말처럼, 진정한 교육은 처음부터 모두를 포함해야 합니다. 특수교육은 그 설계를 현실로 보여주는 살아 있는 교육의 현장입니다. 배제와 분리를 넘어서려는 이 작은 실천은 결국 우리 모두가 지향해야 할 교육의 미래이기도 합니다. 느린 걸음의 아이들과 함께 걸으며, 저는 배웁니다. 교육은 더 잘하는 사람만을 위한 것이 아니라, 누구도 뒤처지지 않기 위한 것이라는 사실을요. 모두를 위한 길은, 누군가를 위해 특별히 만든 길에서 시작됩니다.

에
필
로
그

글을 준비하며 쓰는 동안, 우리 사회 곳곳에 장애인을 위해 조용히 헌신하는 분들이 많다는 것을 새삼 느꼈습니다. 특수교사인 제가 많은 것을 떠안고 있다고 생각했는데, 사실은 그렇지 않았습니다. 장애를 진단하고, 사회적 서비스를 연결하며, 취업을 위해 애쓰는 분들, 장애인 고용을 이어가는 기업까지—우리는 서로 다른 자리에서 같은 방향을 향해 함께 걷고 있었습니다. 각자의 현실 속에서, 각자의 자리에서 최선을 다하는 이들이 있다는 사실은 저에게 큰 위로가 되었습니다.

한국의 특수교육은 미국의 특수교육 정신을 바탕으로 시작되었지만, 이제는 우리 사회의 모습에 맞게 변화하며, 나름의 방식으로 뿌리를 내려가고 있다는 생각이 듭니다. 아직 더 보완해야 할 숙제들이 남아 있지만, 저의 목소리와 곳곳의 바른 목소리가 아이들을 위한 길로 이어질 것임을 믿습니다.

한 연수에서 들었던 재미있는 이야기가 있습니다. 청각장애 학생을 맡은 교사는 수다를 많이 떨고, 지체 장애 학생을 맡은 교사는 쉬는 시간에 잠시 눈을 붙이며, 시각장애 학생을 맡은 교사는 말수가 줄고, 지적 장애나 자폐성 장애 학생을 맡은 교사는 서로 학생의 이야기를 나누며 행동을 따라 하기도 합니다. 마치 코미디언이 집에 들어가면 과묵해 진다는 말과 비슷하게 들렸습니다. 우스갯소리 같지만 들을수록 공감이 되었습니다. 고단하면서도 헌신을 다하는 선생님들의 노고를 떠올립니다. 각자의 자리에서 특수교사는 결국, 함께 지내는 학생을 닮아가는 존재라는 생각이 듭니다.

"우리 엄마는 늘 말했어요. 사람에 대해 그 사람이 신은 신발을 보면 알 수 있다고요. 어디로 가는지, 어디를 다녀왔는지 말이에요. 나도 신발을 많이 닳아 없앴어요. 열심히 생각해보면 처음 신었던 신발이 생각나요. 엄마는 그 신발이 나를 어디든 데려다 준다고 했어요. 마법의 신발이라고 했어요." 이 장면은 영화 〈포레스트 검프〉에서 포레스트가 벤치에 앉아 자신의 인생을 들려주기 시작하는 순간에 나옵니다.

신발은 그 사람의 삶의 궤적과 여정을 상징합니다. 그 사람이 어떤 길을 걸어왔는지를 보라는 포레스트의 말을 전해 들으면서 어쩌면 저의 신발이 저라는 사람의 여정을 보여주고 있다는 생각도 들었습니다. 계절이 바뀌는 동안 닳아가는 신발 밑창, 복도와 운동장을 오가며 생긴 작은 긁힘과 흠집들은 교실에서의 나날을 증명합니다. 우연히 학생들이 벗어놓은 신발을 보고 누구 것인지 단번에 알아차렸던 순간처럼, 저의 발걸음 또한 학생들의 걸음과 함께 닳아가고 있습니다.

아이들과 함께 지내다 보면, 그들의 단순함 속에서 세상을 거짓 없이

대하는 '진심'을 자주 발견하게 됩니다. 화가 나면 숨기지 않고 울고, 기쁘면 온몸으로 웃으며, 원하는 것이 있으면 거침없이 손을 뻗습니다. 그 솔직함 속에는 어른들이 잊고 사는 순수함이 있습니다. 마음이 시키는 대로 움직이고, 세상의 흐름에 자신을 맡기는 삶—그것이 가능하다면, 그것만으로도 충분히 따뜻한 사회일 것입니다. 그래서 이 아이들이 있는 그대로 살아갈 수 있는 세상, 조금 느리더라도 자기 삶을 꿋꿋이 걸어갈 수 있는 환경이 필요하다고 믿습니다.

교사는 학기가 시작하면 먼저 학생에게 사랑을 고백합니다. '선 고백, 후 사랑'이지요. 그러다 진짜 사랑을 하게 되는 1년의 시간이 흘러갑니다. 그 패턴은 매년 똑같습니다. 매일 먼저 마음을 열고 다가가는 그 사랑은 시간이 흘러 배로 되돌아옵니다. 그 시작이 힘들고 버거운 날도 있지만, 저는 오늘도 사랑을 먼저 건네는 교사가 되고 싶습니다.

영화 〈원더〉의 마지막 장면에서 어기는 이렇게 말합니다.

"우리 모두는 평생에 한 번쯤은 기립박수를 받을 자격이 있습니다. 세상을 이겨낸 우리 모두는 그 박수를 받을 만합니다."

이 말처럼, 서로를 이해하고 받아들이는 마음이 있다면 기적은 결코 멀리 있지 않습니다. 아이의 장애를 있는 그대로 받아들인 부모와 그들의 가족, 그리고 더 나아가 우리의 사회는 모두 박수를 받을 자격이 있습니다. 그렇게 모두에게 박수를 먼저 보내고 진짜 사랑의 박수가 모두에게 부메랑처럼 돌아오길 바랍니다.

글을 쓰는 과정에서 검수를 해주신 우진학교의 백정기 선생님과 추천사를 써주신 이은경 선생님께 감사드립니다. 끝으로, 이 글을 쓸 수 있도록 두 아이를 돌봐주며 시간을 허락해준 남편과 YY에게, 그리고 엄마가 글을 쓰는 동안 기다려준 두 자녀에게 진심을 담아 고마움을 전합니다.

저는 이 길 위에서 다시 학생들을 만나러 갑니다.

부록

부록 1

특수교육 관련 용어 설명

이 책에 나온 특수교육 용어에 관하여 ㄱ~ㅎ 순서로 정리하였습니다.

- **가소성:** 변화와 발전 가능성을 의미합니다. 장애 학생의 현재 상태는 교육과 훈련 및 환경 변화를 통하여 극복할 수 있다는 것을 뜻합니다.
- **가족지원:** 장애인 가족지원은 1980년대부터 사용된 용어로 가족 구조를 강화하고 유지하기 위해서 제공되는 모든 활동을 의미합니다. 장애인 개인의 요구와 지원에만 중점을 두는 것이 아니라 가족 전체에 초점을 두어 가족 구성원의 요구, 관심사, 지원에 따라 적절하게 지원을 제공하고, 가족의 역량을 강화하는 데 목적이 있습니다.
- **각성:** 각종 신경이 활동 중인 상태를 말합니다. 각성은 신체와 정서 상태가 안정적인 수면 상태일 때 가장 낮습니다. 각성의 수준이 높아지면 뇌파의 주파수가 높아지는 등의 신체적 반응을 보입니다. 학습과 관련하

여 각성 수준이 지나치게 낮거나 높으면 과제 수행에 방해가 됩니다. 따라서 장애 학생에게 약물을 투입할 경우 약물의 직접적인 효과뿐만 아니라 학업과 관련한 각성 수준을 고려하도록 교사와 소통해야 합니다.
- **갈등:** 거의 비슷한 정도의 상반되거나 양립할 수 없는 두 개 이상의 욕구가 동시에 발생하였을 때에 나타나는 심리적 현상입니다.
- **감각 교육:** 감각기관의 활성화를 목적으로 하는 교육활동을 말합니다. 색, 크기, 형태, 무게, 온도, 소리, 느낌 등의 개념이나 변별에 대한 활동으로 이루어집니다.
- **감각 기억:** 물리적인 자극의 감각적 특징이 아주 짧은 시간 동안 저장되는 기억을 말합니다. 감각 기억에 저장된 정보들은 곧 사라지거나 또는 그 정보의 의미가 해석되는 형태 재인의 단계를 거쳐 단기 기억으로 들어가게 됩니다.
- **감각운동기:** 피아제(J. Piajet)의 인지 발달 이론의 첫 번째 단계입니다. 대략 출생에서 2세까지를 의미합니다. 이 시기에 유아는 주로 자신의 감각과 지각을 신체 활동 및 운동 기능과 통합시켜 나감으로써 인지 능력을 향상시킵니다.
- **강화:** 특정 행동이 나타난 후 그 행동에 제공된 것이 이후 행동의 증가를 가져오는 것으로, 정적 강화와 부적 강화가 있습니다. 정적 강화는 특정 행동이 발생한 뒤 그 행동에 대하여 대상자가 원하는 물질이나 사회적 자극을 제공해 이후의 행동 발생의 증가에 영향을 미치는 것입니다. 부적 강화는 대상자가 싫어하는 자극을 제거하여 이후 행동 발생을 증가시키는 것입니다.
- **강화 계획:** 강화를 언제 어떻게 제공할 것인지를 계획하는 것으로 연속 강화와 간헐 강화가 있습니다. 새로운 행동을 배울 때는 연속 강화를 사

용하고, 습득된 행동을 유지할 때에는 간헐 강화를 사용하는 것이 효과적입니다.
- **강화된 환경 교수:** 일상의 의사소통 상황을 자연스럽게 구조화하여 지속적인 상호작용과 의사소통을 촉진 하는 교수방법입니다. 아동의 의사소통 시도에 기능적 후속 결과를 제공하는 특성이 있습니다.
- **강화물:** 특정 행동을 한 뒤 제공하는 강화물은 기본적으로 무조건 강화물과 조건 강화물로 구분합니다. 무조건 강화물은 생존에 기여하거나 생리적 요구를 만족시키는 자극물(예, 음식)이므로 1차 강화물이라고 합니다. 조건 강화물은 무조건 강화물과 연계되어 강화물의 기능을 하는 것으로 2차 강화물이라고도 합니다. 다른 강화물로 교환할 수 있는 토큰, 돈 등은 2차 강화물의 예입니다.
- **개별화 가족 서비스 계획:** 장애 영아와 그들의 가족에게 적절한 서비스와 지원을 제공하려고 계획한 미국의 법적 문서입니다. 장애 영유아의 발달적 요구를 충족하고 가족과 전문가의 협력을 돕는 것이 목적이기 때문에 가족의 기원, 우선순위, 고려 사항과 함께 가족을 위한 목표와 서비스 내용을 포함하는 가족 중심 프로그램입니다.
- **개별화 건강 관리 계획:** 특별한 건강 관리가 필요한 장애 학생을 위해 개별화교육프로그램(IEP)의 일부로서 또는 별도의 문서로서 해당 학생의 학교 생활에 관계하는 사람들이 공유하고 합의하는 건강 관리 절차에 대한 계획입니다. 부모, 교사, 보조인력 등 해당 학생의 학교 생활에 관여하는 모든 사람이 확인하고 서명하여 건강 관리에 대한 일관성 있고 안전한 절차가 진행되도록 합니다.
- **개별화 전환 계획:** 특수교육에서 전환은 개인의 생애주기별로 이루어지는데, 학교에서 장애 학생이 성인으로서 삶을 준비할 수 있도록 주거생

활, 직업생활, 사회생활, 여가생활 등의 전환을 지원하기 위해 개발하는 개별 학생 중심의 총체적 교육 계획입니다.
- **개별화교육:** 특수교육 대상자 개인의 장애유형과 장애 특성을 고려하여 교육목표, 교육방법, 교육내용, 특수교육 관련서비스 등이 포함된 계획을 수립하여 실시하는 교육입니다.
- **개별화교육계획:** 장애 학생에게 체계적으로 무엇을 가르칠 것인가에 대한 문서화된 정보라는 의미가 있을 뿐 아니라 학부모가 개별화교육계획에 참여하도록 함으로써 장애 학생 보호자가 장애 학생 교육의 협력적 관계자임을 강조한 공식 문서라고 할 수 있습니다. 법적인 문서의 성격이 있기 때문에 매 학기 시작일로부터 30일 이내에 반드시 작성되어야 하며, 특수교육 대상자의 인적 사항과 특별한 교육 지원이 필요한 영역의 현재 학습수행수준, 교육목표, 교육내용, 교육방법, 평가계획과 제공할 특수교육 관련서비스의 내용과 방법 등이 포함되어야 합니다. 해당 학생이 진학이나 전학을 할 경우에는 14일 이내에 전입 학교로 송부하도록 함으로써 개별화교육의 지속성과 연관성을 강조하고 있습니다.
- **개인중심계획:** 장애 학생에게 개별화된 교육과 지원을 제공할 때 그 판단의 근거를 당사자의 꿈과 선호도, 관심에 초점을 두어 계획하는 것으로 장애 학생 본인이 자신에게 중요하다고 생각하는 것을 파악하기 위해 계획 과정에 당사자와 그 가족을 포함한 주요 주변인들이 함께 참여하여 현재의 삶뿐만 아니라 미래의 삶에 대한 계획을 논의합니다. 특히 전환교육의 관점에서 진로와 직업생활, 거주생활, 지역사회와 여가생활 등을 계획할 때에 많이 적용합니다.
- **건강장애:** 만성질환으로 인하여 3개월 이상의 장기입원 또는 통원치료 등 계속적인 의료적 지원이 필요하여 학교생활, 학업수행 등에 교육 지

원을 지속적으로 받아야 하는 장애입니다. 「장애인 복지법」의 심장장애, 신장장애, 간장애 등의 만성질환이 건강장애에 해당합니다.

- **결정적시기:** 어떤 특별한 심리적 특성이나 행동의 획득이 이루어지는 특정한 시기입니다. 이 시기가 지나면 지속적인 자극을 제시하여도 특정한 심리적 특성이나 행동의 출현이 매우 어렵기 때문에 이 시기를 결정적 시기라고 합니다. 주로 조류의 각인(刻印)과 관련하여 결정적 시기가 설명되는 경향이 있습니다. 특수교육에서 결정적 시기의 의미는 장애 학생에게 발달의 단계에 맞는 필요한 교육의 기회를 놓치지 말아야 한다는 의미로 해석됩니다.
- **경계선급 지적 장애:** 표준화된 지능 검사에서 보통 IQ70~84에 해당하는 지적 수준을 나타내는 지적 장애를 의미합니다. 그러나 학계에서 명확하게 합의된 것이 없습니다. 지적 장애 진단의 기준 근처에 있다고 하여 붙여진 명칭입니다. 학습부진, 학습지진, 학습 장애 등과 명확하게 구별하기 어려운 경우도 있다고 합니다.
- **고위험아동:** 현재 장애가 있다고 판별되지는 않았지만 신체 조건, 정서발달, 환경요인 등으로 장차 장애가 있을 개연성이 높은 아동을 말합니다.
- **고착:** 발달이 더 높은 단계로 진행 되지 않고 그 단계에 머무는 것을 말합니다.
- **공격성:** 의도적으로 다른 사람에게 상처를 입히거나 소유물에 해를 끼치는 행동을 말합니다. 신체공격에는 치기, 차기, 물기, 할퀴기, 밀기, 쥐기, 밟기, 부딪치기, 걸어 넘어뜨리기, 물건을 던져 다른 사람 맞히기 등의 행동과 그렇게 하려는 시도가 여기에 속합니다. 사물에 대한 파괴적인 행동은 사물을 던지거나 문이나 벽, 가구를 발로 차기, 선반의 물건 떨어 뜨리기, 사물 부수기 등을 포함합니다. 언어적인 공격에는 신체적

인 공격을 하겠다고 위협하기, 언어적인 반항, 모욕적인 욕하기, 타인에게 싫어하는 감정 표현하기, 활동에서 다른 사람을 제외시키려는 언어적인 시도 등이 포함 됩니다.

- **공동관심:** 어떤 사물이나 사건에 대한 주의를 타인과 공유하려는 상호작용입니다.
- **과긴장:** 여러 사건이나 활동에 대해 지나친 감정 변화가 발생하면 스스로 조절하려고 해도 조절이 되지 않는 긴장 증상입니다.
- **과식증:** 과도하게 또는 병적으로 먹으려는 욕망이 강하여 식사를 적정량 이상으로 섭취하는 증상입니다. 프래더-윌리 증후군, 약체X증후군 등과 같은 유전적 이상, 불안, 우울 및 폭식증과 같은 섭식장애, 당뇨, 갑상선 기능 항진 등과 같은 대사 장애 등에 동반 되기도 합니다.
- **과제 분석:** 학습자가 수행해야 하는 과제를 더 단순한 하위 과제로 분할하는 활동 혹은 계획입니다.
- **관련서비스:** 특수교육 대상자의 개인별 교육 목표를 달성하기 위해 교수학습과정에 필요한 인적·물적 자원을 지원하는 것입니다. 상담지원, 가족지원, 치료지원, 보조인력지원, 보조공학기기지원, 학습보조기기지원, 통학지원, 정보접근지원 등이 이에 해당합니다.
- **교육과정수정:** 장애 학생이 일반학급에 물리적·사회적 통합뿐만 아니라 교육과정적으로 통합되어야 한다는 의미에서 제기된 용어입니다. 교수적 수정 또는 교수 적합화 등의 용어와 혼용되기도 합니다. 일반학급에서 일상적인 수업을 할 때 장애 학생의 수업 참여 양과 질을 최고 수준으로 성취하려고 교수 환경, 교수 집단화, 교수 방법(교수 활동, 교수 전략, 교수 자료), 교수 내용 또는 평가 방법을 수정·보완하는 것을 말합니다.
- **구조화된 교수:** 아동의 요구에 적합한 물리적 환경을 구성하여 적응 능

력을 향상하는 것이 목적입니다.
- **그림의사소통상징:** 말을 하거나 글로 써서 의사표현이 어려운 아동들에게 초기 의사소통 방법으로 사용할 수 있는 2차원 상징체계인 그림, 사진, 선화, 추상적인 상징을 말합니다. 대표적으로 보드메이커 프로그램에서 사용되는 상징이며 약 3,500개의 어휘 목록이 프로그램화 되어 있어 사용자의 어휘에 따른 선택이 가능합니다. 그밖에 리버스심벌, 픽심벌, 다이나심벌, 블리스심벌 등이 있습니다.
- **긍정적행동지원:** 문제 행동을 감소시키고 예방하는 것만이 목적이 아니라 나아가 친사회적 행동을 형성하여 이를 일상생활에서 일반화할 수 있도록 지원하는 모든 종합적인 접근법입니다. 문제 행동을 대신하는 적절한 행동을 가르치는 접근법으로 응용행동분석, 정상화와 통합 운동, 사람 중심의 가치라는 세 가지 중요한 근원을 토대로 합니다.
- **기능분석:** 행동 발생과 유지, 행동의 선행 사건과 후속 결과를 분석하여 행동의 의도와 기능을 평가하는 것입니다.
- **기본 교육과정:** 특수교육 교육과정 중 일반학교에서 적용하는 공통 교육과정(초1~중3학년까지 9년간 적용)과 선택 교육과정(고등학교 3년동안 적용)을 적용하기 곤란하거나 불가능한 특수교육 대상자에게 초등학교 1학년에서 고등학교 3학년까지 12년 동안 적용하는 국가 수준의 문서화된 교육과정입니다. 학습자의 능력과 수준에 따라 교육 내용을 달리 선택·적용하도록 단계형 수준별 교육과정 형태로 조직된 교육과정으로, 일상생활에 기본이 되는 학업 기술과 일상생활 기술을 습득하는 데 주안점을 두고 있습니다.
- **낙인:** 장애와 관련한 부정적인 고정관념을 강하게 심어 주는 의미를 뜻합니다. 원래는 쇠붙이를 불에 달구어 찍는 도장을 의미하며 가축에게

자신의 소유 등을 표시하기 위해서, 혹은 범죄자임을 알게 하기 위해 사용되었습니다.
- **난독증:** 듣고 말하는 데는 어려움이 없지만 문자를 판독하는 데에 어려움을 겪는 읽기장애의 한 유형입니다.
- **다운증후군:** 21번 염색체 이상에 의해 신체적, 지적 발달의 전반적인 지체를 나타내는 대표적인 염색체 증후군입니다.
- **단기 기억:** 경험한 것을 수초 동안 의식 속에 유지하는 기억입니다. 단기기억은 현재 지각하는 것이 무엇인지를 알려주고, 감각기관으로 들어오는 많은 정보들을 조합하여 통합합니다. 그리고 순간적인 메모지의 역할을 해서 우리가 생각하고 있는 것이나 문제를 풀고 있는 중에 정보를 계속 가지고 있도록 해줍니다. 계획이나 현재의 의도를 계속 유지하게 해 줌으로써 어떤 방향으로 향하는 복잡한 일련의 연속적 행동을 가능하게 해줍니다. 단기 기억이 낮은 사람은 이러한 중요한 기능이 낮기 때문에 학습 능력에 심각한 결함을 갖게 됩니다.
- **대체 행동:** 특정 행동(일반적으로 문제행동, 도전행동)과 동등한 기능을 지니는 사회적으로 수용 가능한 적절한 언어적 혹은 비언어적 행동입니다. 대체 행동을 선택할 때에는 문제 행동 보다 더 쉬운 행동이어야 합니다. 학생이 기대하는 목적을 성취하고, 문제 상황을 예방하며, 어려운 상황을 효율적으로 극복하는 것을 목적으로 합니다.
- **독립생활 기술:** 자기 스스로 삶을 영위하고, 관리, 유지 할 수 있는 능력이나 기술을 의미합니다. 식사하기, 화장실 사용하기, 신변 처리, 옷 입기 등의 간단한 일에서부터 직업 갖기, 요리 및 가사, 수송, 재정 관리 등의 복잡한 일까지 삶의 다양한 행위의 독립적인 수행을 의미합니다.
- **라포:** 상담이나 교육을 위한 전제로 신뢰와 친근감으로 이루어진 인간

관계를 의미합니다.
- **마음이론:** 신념, 의도, 바람, 이해 등과 같은 정신적 상태가 자신 또는 상대방의 행동에 영향을 미친다는 것을 이해하는 능력입니다. 마음 이론이 잘 발달되어 있는 사람은 타인의 마음 상태를 인지하고 이해하는 공감 능력이 우수한 반면, 마음 이론에 결함이 있는 사람은 타인의 입장을 이해하기보다는 자신의 시각에서 상황을 이해함으로써 호혜적인 사회적 상호 작용을 하는 데 어려움을 보입니다.
- **목표 행동:** 교육이나 훈련의 결과로 나타나기를 기대하는 행동입니다.
- **바우처 제도:** 정부가 지불을 보장하는 전표인 바우처를 서비스 이용자에게 지급하여 서비스를 받은 후 비용을 정산해 주는 제도입니다. 이 제도는 서비스 이용자의 선택권을 최대한 보장하도록 고안된 서비스 이용자 중심의 사회 서비스 공급 방식입니다.
- **발달장애:** 발달이 평균에서 유의미하게 일탈하여 신체적·정신적 또는 두 가지 영역 모두에서 심각하고 만성적인 장애가 지속될 가능성이 있는 장애입니다. 하지만 중증이라는 의미는 그 한계가 명확하지 않습니다. 어떻게 규정하느냐에 따라 학습 장애, 자폐범주성장애, 뇌성마비 등을 발달장애에 포함하는 사람도 있고 그렇지 않은 사람도 있습니다. 또 발달장애는 통상 자폐성 장애를 지칭하는 경우도 있습니다. 따라서 발달장애는 단지 하나의 장애유형을 의미하는 것이 아니라 장애 진단을 받은 사람에게 법률적, 재정적, 행정적, 교육적으로 유리한 지원을 제공하려 사용하는 용어로 인식할 필요가 있습니다.
- **발달지체:** 또래에 비해 유의하게 느린 속도로 발달을 보이는 상태를 의미하며 발달장애와는 구분됩니다. 즉, 발달지체를 보이는 아동에게 조기 중재를 제공하지 않고 방치하면 발달장애로 진행될 수 있습니다.

- **보완대체의사소통(AAC):** 다양한 원인으로 말하기나 쓰기에 어려움을 느끼는 이들의 의사소능력을 향상하고 사고의 확장을 도우려고 사용하는 여러 가지 의사소통 유형을 말합니다. 발성은 가능하나 발음이 부정확한 사람에게 표정, 몸짓, 컴퓨터 등과 같은 보조도구(방법)를 활용하는 방법을 알려주거나, 전혀 발성이 되지 않는 사람에게 그림이나 글자 등의 상징을 사용하여 의사소통을 돕는 방법 등을 포함합니다. 의사소통을 지원함으로써 소통 능력을 향상하도록 개인의 의사소통에 사용되는 상징, 보조도구, 전력, 기법 등에 총체적으로 접근하는 방법입니다. 상징은 실제 사물, 제스처, 수화, 사진, 그림, 표의문자, 낱말, 점자 등을 말하며 보조도구는 메시지를 전달하거나 받는 데 사용되는 의사소통 책, 의사소통판, 음성 출력 도구 등을 의미합니다. 전략은 의사소통 기술을 키우는 효과적인 방법을 말하며, 기법은 의사소통 도구나 상징을 이용하여 의사를 표현하는 방법으로 직접 선택하기, 눈 응시, 스캐닝 방법 등을 말합니다.
- **보조공학:** 장애인의 기능적 역량을 증진, 유지, 향상하기 위해 사용되는 품목이나 장비 또는 생산 시스템을 말합니다. 상업적으로 구매 가능한 기성품, 변형이나 개별 맞춤 제작된 것을 모두 포함합니다.
- **보편적 설계:** 제품과 환경을 개조하거나 추가적인 특별한 설계 없이도 모든 사람이 최대한 편리하게 사용할 수 있도록 설계하는 공학적 개념입니다. 이 개념은 건축학에서 비롯했으며 무장애 설계, 통합 설계 도는 모든 사람을 위한 설계라고도 합니다. 적용을 위한 기본 원리는 공평한 사용, 융통성 있는 사용, 단순하고 직관적인 사용, 인식 가능한 정보, 실수에 대한 포용, 적은 신체적 노력, 접근과 사용 가능한 크기와 공간입니다. 보편적 학습 설계(universal design for learning)로 확대 되었는데, 특수교육과 일반교육의 이원적 체계로 설계하지 않고 모든 학생이 교육

목표를 성취하도록 교육과정 계획 단계에서 모든 학생의 다양한 차이를 고려하여 설계하는 것입니다. 보편(universal)은 모두를 위한 한 가지 최선의 해결책을 의미하는 것이 아니라 개별 학습자의 다양한 특성과 차이에 적합한 학습 형태나 제시 방법을 창출하는 것을 의미합니다.

• **보편적 학습 설계:** 건축학의 보편적 설계를 학습에 적용한 개념으로, 이질적 특성을 지닌 다양한 학습자를 일반학교 교육과정에 참여시켜 학업 향상을 촉진하려고 제안되었습니다. 모든 범위의 학습자, 즉 장애와 비장애, 평균 이상과 이하의 학습자뿐 아니라 보통의 학습자 모두의 요구를 충족하기 위해 유연한 교수 목표, 유연한 교수 방법, 유연한 교수 자료, 유연한 평가에 근거하여 교육과정과 수업을 설계하는 것을 의미합니다. 설계 원리로 교실 수업에서 다양한 표상 방식, 다양한 행동과 표현 방식, 다양한 참여 방식이 제안되었습니다.

• **보호고용:** 일반 직장의 작업조건 하에서 일하기 어려운 사람에게 특별한 작업환경을 마련해주고 그 환경에서 근무하면서 보수를 받을 수 있도록 배려한 고용의 형태입니다. 장애인이 작업할 수 있는 시설이나 장비, 환경에 대한 배려가 있습니다. 우리나라에서는 근로사업장과 보호 작업장에서 주로 보호 고용이 이루어집니다. 근로 사업장은 최저임금의 지급과 종합적인 재활서비스의 제공을 강화하여 장애인들의 경제적 기반을 강화하고 지역사회로의 통합을 촉진하며, 장애의 유형, 연령별 특성과 사업장에서 수행 중인 일의 특성에 따라 재활계획을 수립합니다. 근로사업장에서는 보호 고용과 함께 적응 훈련, 직업 평가, 취업 및 사후 지도, 전환 고용 및 지원 고용 등 재활서비스도 제공합니다. 보호 작업장은 근로사업장에 비하여 장애의 정도가 더 심한 장애인을 대상으로 고용이 이루어집니다. 보호 고용은 보호된 환경에서 주로 장애인들 중심으로 고용

이 이루어지므로 사회통합의 제한이라는 한계가 있으며, 임금의 수준이 낮고, 직종의 다양성도 떨어지게 됩니다. 따라서 각국에서는 가능한 한 보호 고용에서 지역사회에 통합된 형태의 고용인 일반고용이나 지원고용으로 전이될 수 있도록 각종 정책을 펼치고 있습니다.

• **보호작업장**: 일반고용이 어려운 중증 장애인에게 보호 고용의 기회를 제공하면서 개별화된 재활계획서에 따라 직업적응훈련, 직업상담, 직업평가 등의 서비스를 제공하는 직업재활시설의 하나입니다. 보호 작업장에서는 직업적응훈련과 그 외의 직업재활서비스를 제공함으로써 장애인의 전인격적인 발달을 도모하는 한편 일정 기간 안정된 일터를 제공하여 직장생활을 영위할 수 있도록 하고 있습니다. 보호 작업장은 장애인의 보호 고용이 이루어지는 시설이므로 수익성이 높은 사람을 개발하여 추진하여야 하며, 이를 위하여 지역 특성과 주변 여건과의 적합성, 생산품 판로 개척의 용이성, 직업재활의 효과성 및 일반고용과의 연계 가능성 등을 고려하여 작업장을 운영하여야 합니다.

• **부모교육**: 부모 역할을 원활히 수행할 수 있도록 부모들에게 자녀 교육에 필요한 지식이나 정보를 제공하고 기술을 가르치는 것입니다. 부모교육은 부모 역할을 인식하고, 자녀의 성장 발달을 촉진하는 환경 조성에 관한 지식을 습득하며, 자녀를 양육하면서 직면하는 문제를 해결하기 위해 필요한 정보와 기법을 습득하도록 하는 데 목적이 있습니다. 특히 장애아동 부모 교육은 자녀의 장애와 현재 성취 수준을 안내하고 교육과 관련서비스 정보를 제공함으로써 학교교육과 가정교육의 일관성과 연계성을 강화하여 특수교육의 효과를 높이는 데 목적이 있습니다.

• **분리교육**: 일반교육 체제와 분리하여 특수교육기관, 즉 특수학급, 특수학교, 기숙제학교, 병원학교 등과 같이 한정된 장소에서 특수교육 요구

아동에 대한 교육을 수행하는 교육 형태입니다. 분리교육은 일반교육이 특수교육 요구 아동의 독특한 교육적 욕구를 충족시킬 수 없을 경우 실시 됩니다. 일반적으로 분리 교육은 장애의 정도가 클수록 실시되나 최근에는 점차 중도장애 학생들도 통합되는 경향이 있습니다. 장점은 전문가에 의한 아동의 능력에 적절한 교육의 제공으로 학력이나 여러 가지 능력 또는 기능의 학습 부분에서 효율적일 수 있습니다. 단점은 일반 사회에서 제외되고 고립되며 다양한 사회경험을 지닐 수 없다는 것입니다.

- **사회성**: 대인관계를 바르게 형성하고 유지하는 행동과 능력으로, 사회적 상황을 인식하고 상황에 따른 적절한 행동을 판단하고 때와 장소에 적절하게 사회적 기술을 사용하는 능력으로 정의할 수 있습니다. 타인이 부여하는 개인에 대한 종합적 판단이며, 개인이 특정한 사회적 과제에 반응하려고 사용하는 행동을 의미합니다. 크게 사회적 기술과 사회적 능력으로 나뉩니다. 사회적 기술은 개인이 사회적 과제를 수행하는 바람직한 행동으로, 사회적 능력을 형성하는 사회성 발달과 관련된 일련의 기술을 의미합니다. 사회적 능력은 사회적 기술이 영속적인 형태로 구성된 종합적 역량을 의미합니다.
- **사회성 기술**: 일반적으로 대인관계와 사회적 역할을 수행해야 하는 상황에서 개인의 기질적·성격적·사회적 인식력을 그 상황에 적절하게 활용하는 능력입니다.(학교에서 규칙과 권위 수용하기, 또래와 관계 맺기, 사회적 상황의 이해와 긍정적 성격 형성하기, 일상 예절 등)
- **사회적 능력**: 사회 환경과 효과적으로 상호작용하거나 혹은 사회문제에 대한 해결 전략을 개발하고 이용할 수 있는 능력입니다. 사회적 능력의 중요한 요소에는 스트레스와 환경적 결핍이나 박탈을 효과적으로 극복하는 능력이 포함됩니다. 사회적 능력의 구성요소는 적응행동과 사회적

기술로 살펴볼 수 있습니다. 적응행동이 자부심과 독립적 기능에 초점을 둔다면, 사회적 기술은 대개 타인과의 상호작용 기능과 사회적 수용에 비추어 정의되는 경향이 있습니다. 사회적 능력이 높은 사람은 자신 및 타인의 복리를 위한 책임감이 높은 것으로 간주 됩니다.

• **사회적 상호작용:** 일상생활에서 일어나는 원인과 결과가 되는 작용으로써 시작행동과 반응행동으로 이루어집니다. 두 사람이 포함되어야 하며 사회적 상호 작용에 참여하는 사람은 상대방에게 영향을 미치게 됩니다. 아동의 사회적 상호작용의 발달은 특히 양육자와의 사회적 상호작용과 또래와의 사회적 상호 작용의 발달이 중요한 의미를 지닙니다. 일반적으로 유아의 사회적 상호 작용은 양육자와의 애착 관계로부터 시작되며, 유아가 성장함에 따라 이들의 상호 작용은 더욱 복잡해지며 또래와의 상호 작용 비중은 더욱 커지게 됩니다.

• **사회적 기업:** 영리기업과 비영리기업의 중간 형태로, 사회적 목적을 우선적으로 추구하면서 재화 · 서비스의 생산 · 판매 등 영업활동을 수행하는 기업을 말합니다. 「사회적기업 육성법」에서는 사회적기업을 취약계층에 사회서비스 또는 일자리를 제공하여 지역 주민의 삶의 질을 높이는 등의 사회적 목적을 추구하면서 재화와 서비스의 생산 · 판매 등 영업 활동을 하는 기업으로서 고용노동부 장관의 인증을 받은 기관으로 정의합니다. 사회서비스를 제공하고 취약계층에 일자리를 창출하는 등 사회적 목적을 조직의 주된 목적으로 추구한다는 점에서 차이가 있습니다. 사회적 기업의 유형으로는 ① 일자리제공형, ② 사회서비스 제공형, ③ 지역사회 공헌형, ④ 혼합형: 취약계층일자리 제공과 사회서비스 제공 혼합, ⑤ 기타형: 사회적 목적의 실현 여부를 계량화하여 판단하기 곤란한 경우가 있습니다. 장애인을 위한 사회적기업은 장애의 특성을 고려하여 이

들 유형의 특성을 접합하거나 단순화한 형태를 유지하고 있습니다.
- **선별검사:** 장애가 있을 개연성이 있어서 검사를 더 구체적으로 받아야 할 아동을 찾아내기 위해 사용하는 빠르고 간편한 검사입니다.
- **선행사건:** 어떤 특별한 행동이 발생하기 직전에 발생한 사건이나 자극입니다. 선행사건 대부분 행동 발생에 직접적인 영향을 미칩니다. 선행사건은 문제 행동이 특정 시간, 활동, 장소, 사람, 기타 특정 환경 요소와 함께 발생하는지를 나타냅니다. 선행사건 중재는 문제 행동을 불필요하게 만드는 것이 핵심입니다. 예를 들어 손이 닿지 않는 곳에 있는 장난감을 얻기 위해 큰 소리로 울며 소리 지르는 문제 행동을 보이는 학생의 경우, 장난감의 배치를 바꾸어 주면 문제 행동 자체가 불필요해집니다. 학생에게 어떤 행동을 하지 말라고 요구하기 전에 교사가 교실 환경이나 자신의 훈육 내용과 전략을 살펴서 아동이 문제 행동을 일으킬 만한 요소가 있는지 점검해볼 것을 요구합니다.
- **아스퍼거 증후군:** 자폐성 장애처럼 사회적 상호 교류의 장애, 제한된 관심, 행동 장애를 보이지만, 언어 및 인지 발달은 비교적 다른 영역보다 정상적인 발달 수준에 있는 전반적 발달장애의 한 유형입니다.
- **약체X증후군:** X 염색체에 위치한 FMR-1 유전자의 CGG 삼핵산 반복(trinucleotide repeat)수가 비정상적으로 증가하여 발상하는 증후군입니다. CGG삼핵산 반복수가 비정상으로 증가하면 FMR-1유전자는 FMR-1 단백질 생성을 중단합니다. 단백질의 기능은 확실히 밝혀지지는 않았으나 주로 뇌와 고환에서 발현된다고 합니다. 통상 다운증후군 다음으로 많은 전형적인 염색체 이상입니다. 다운증후군은 비유전성인 데 비하여 약체 X 증후군은 유전성으로서 여아보다 남아에게서 더 자주 나타납니다. 눈맞춤이 잘 되지 않고, 촉각방어를 보이며, 손털기와 깨물

기, 갑작스러운 분노폭발 등을 보입니다. 반복적으로 끊임없이 특정 단어나 말을 반복하는 이상언행 반복증을 보이거나 혼자 중얼거림, 허둥거리며 말하기, 화용론적 의사소통 결여등을 보이기도 합니다.
- **응용행동분석:** 환경에 적응하는 인간 행동의 기본 원리를 이용하여 바람직한 행동을 향상시키거나 문제 행동을 감소시키기 위해 사용되는 중재전략입니다. 응용행동분석은 직접관찰, 측정, 환경과 행동 사이의 기능적 관계 분석을 포함합니다.
- **의사결정기술:** 한 개인이 자신의 강점과 약점을 인식하고 활용할 수 있는 자료를 사용하여 목표를 세우고 독립적으로 선택하며, 다른 사람의 목표나 권리를 방해하지 않고 자신의 의견을 주장을 할 수 있는 능력입니다.
- **자기결정:** 무엇을 생각하고 그것을 행동으로 옮기는 일은 남의 영향을 받기 보다 자기 자신이 전적으로 결정하는 것을 의미합니다.
- **자기옹호:** 장애인이 경험하는 다양한 부당한 대우(처치보류, 성적학대, 가정 폭력, 범죄 등)에 대처하고 해결하는 기술로, 자기 결정 행동의 구성 요소 중 하나입니다.
- **작업기억:** 단기 기억(short term memory)라고도 하는데, 지각 시스템에서 일시적인 정보의 통합 · 처리 · 삭제와 재생에 관련된 단기적 기억입니다. 능동적인 감시나 정보, 행동의 조작을 수행합니다. 작업 기억은 제한된 자원으로 대부분 짧은 시간에 사라지지만 작업 기억에서 시연된 일부 정보는 장기 기억으로 옮겨져 좀 더 오래 기억될 수 있습니다. 작업 기억의 기억용량은 제한되어서 보통 7±2개 이며 용량을 넘어서면 소멸되거나 간섭받게 됩니다. 이를 계속 기억하려면 반복적으로 시연하거나 조직화 하면 됩니다. 작업 기억은 운용기억이라고도 하는데, 단순한 정보를

저장하는 기능 이외에 정보를 이송한다고 해서 운용 기억이라 부릅니다.
- **장기 기억:** 단기 기억을 통한 많은 양의 정보가 아주 오랫동안 저장된 형태의 기억입니다. 장기기억은 부호화, 지식의 표상, 일화 기억 등을 통하여 이루어집니다. 장기기억에서 부호화는 대부분 심상 부호와 의미 부호로 저장됩니다. 장기 기억은 일화적 기억을 통해 이루어지기도 하는데, 일화적 기억이란 개인적으로 겪는 사건들에 대한 기억으로서 자서전적인 기억을 말합니다.
- **장기목표:** 장애 학생의 교육을 효율적으로 지원하기 위해 의무적으로 제공해야 하는 개별화교육계획(Individualized Education Plan, IEP)에 필요로 포함되는 항목 중 하나입니다. 1년 동안 달성될 것으로 추정되는 교육 성과를 의미하며 학생의 과거 성취 정도, 현행 수준, 목표의 현실성, 학생의 우선 순위, 할애될 수 있는 수업 시간 등을 고려하여 성취 가능한 형태로 설정합니다. 교과 영역 마다 포괄적인 문장으로 진술되며, 단기 목표에서 이를 구체적이고 측정·관찰 가능한 세부 목표로 나누어 서술문으로 작성합니다. 내용 역시 어떤 학생은 읽기, 쓰기, 수학 등의 교과영역일 수도 있고, 어떤 학생은 사회성 기술 또는 생활 기술 일 수도 있습니다.
- **장애:** 장애는 개인의 건강 조건과 환경적·개인적 요소로 이루어진 상황 맥락이 상호작용한 결과입니다. 손상은 신체의 특정 부위나 기관의 기능이 손실되었거나 감소한 것을 의미하므로 의료적 지원이 필요합니다. 기능 제약은 손상으로 특정영역(예: 읽기, 보기, 걷기, 듣기 등)에 능력 저하가 생기는 경우 교육·훈련적 지원이 필요합니다. 사회적 불리는 기능 제약으로 사회 참여 등에서 불이익을 받는 것을 말합니다. 그러나 손상, 기능제약, 사회적 불리라는 장애에 대한 개념 모형은 2001년 이후

세계보건기구가 제시한 새로운 모델에 따라 개인의 건강 조건과 상황적 맥락이 상호작용한 결과로 보는 관점으로 바뀌었습니다.

• **장애 등급:** 교육과 복지 서비스 등을 지원하기 위해 장애정도에 따라 규정한 등급을 말합니다. 「장애인복지법 시행규칙」 별표1에서는 장애인의 장애 등급표를 규정하였습니다. 2015년 개정된 장애 등급판정기준에 따르면 크게 신체적 장애와 정신적 장애로 구분됩니다. 신체적 장애는 다시 외부 신체기관·내부 기관의 장애로, 정신적 장애는 발달장애와 정신장애로 구분됩니다. 장애의 세 분류별 장애 등급은 다음과 같습니다. ① 절단 장애 1~6급, 관절 장애 1~6급, 지체기능 장애 1~6급, 신체 변형 등의 장애 5~6급, ② 뇌병변 장애 1~6급, ③ 시력 장애 1~6급, 시야 결손 장애 3~5급, ④ 청각 장애 2~6급, 평형 장애 3~5급, ⑤ 언어 장애 3~4급, ⑥ 정신적 장애에 포함되는 지적 장애인·자폐성 장애인·정신 장애인 1~3급, ⑦ 신장 장애 2급과 5급, 심장 장애 1~5급, 호흡기 장애 1~3·5급, 간 장애 1~3급·5급, 안면 장애 2~5급, 장루·요루 장애 2~5급, 뇌전증 장애(성인 2~5급, 소아청소년 2~4급)

• **장애인등급제 폐지:** 1988년 도입된 장애 등급제는 장애를 의학적 기준에 따라 1~6등급으로 나누어 복지서비스를 차등적으로 제공했습니다. 그러나 의학적 판정 기준에 따른 획일적 서비스 제공으로 장애인의 개별 욕구 충족에 한계가 있다는 지적에 따라 장애 등급제를 폐지하고, 수요자 중심의 장애인 지원체계를 구축하고자 하였습니다. 이에 따라, 2019년 7월부터는 장애인등록은 '장애 등급'이 아닌 '장애정도'로 구분하였고, 장애인의 욕구와 사회적 환경을 반영한 '서비스 지원 종합조사'를 도입했으며, 장애인이 필요한 서비스를 빠짐없이 이용할 수 있도록 장애인 복지 전달체계도 강화하였습니다. 1~6등급 기준의 장애 등급제에서 장애

정도 심사로 전환하였습니다. (장애인 등록제 및 15개 장애 유형 유지). 기존 1~3등급은 중증, 4~6등급은 경증으로 구분합니다.
- **장애 유형:** 정도와 특성에 따른 장애의 분류를 의미합니다. 우리나라는 보건복지부와 교육부의 장애 분류가 다릅니다. 보건복지부에서는 「장애인복지법 시행규칙」 제2조 및 [별표 1]의 장애인의 장애 등급표와 장애 등급 판정 기준에 장애를 지체 장애, 뇌병변 장애, 시각 장애, 청각 장애, 언어 장애, 안면 장애, 심장 장애, 신장 장애, 간 장애, 호흡기 장애, 장루·요루 장애, 뇌전증 장애, 지적 장애, 자폐성 장애, 정신 장애로 분류하였습니다. 교육부에서는 「장애인 등에 대한 특수교육법」을 근거로 시각 장애, 청각 장애, 지적 장애, 지체 장애, 정서·행동 장애, 자폐성 장애(이와 관련된 장애를 포함), 의사소통 장애, 학습 장애, 건강 장애, 발달지체, 그 밖에 「장애인 등에 대한 특수교육법 시행령」에서 정하는 장애 등으로 분류하였습니다.
- **지원고용:** 장애 성인이 일반 사업체에 고용되어 직무 지도원이나 보조금 등의 지원고용 서비스를 지속적으로 받으면서 일하고 임금과 직업적 혜택을 받는 고용 형태입니다.
- **직무분석:** 한 개인이 구체적인 직업에서 어떤 일을 성공적으로 수행할 수 있는지를 체계적으로 분석하는 것입니다.
- **직무조정:** 장애인이 수행할 수 있는 직무의 가능성을 확대시키기 위하여 직무를 재구성하거나 작업 환경을 수정하는 것입니다.
- **직무지도:** 직무지도원이 장애인의 직장으로 찾아가 작업 분석, 직무 분석, 환경 분석, 고용주와 직장동료와의 대화 등을 통해 장애인이 직업기술을 현장에서 배우고 적응할 수 있도록 지도하는 일입니다.
- **직무참관:** 학생들이 직업 현장에서 직업인들과 일정 시간을 함께하면서

직업인들이 하는 일을 관찰하고 해당 직업에 대한 궁금한 사항을 질문하는 등 현장에서 직무를 체험하는 개인적인 직업 안내 활동입니다.
• **직업 교육:** 개인이 일의 세계를 탐색하여 자기의 적성 · 흥미 · 능력에 맞는 일을 선택하고, 그 일에서 필요로 하는 지식 · 기능 · 태도 · 이해 및 판단력과 일에 대한 습관 등을 개발하는 형식 및 비형식적인 교육입니다.
• **직업 배치:** 개인의 직업 욕구와 직무 분석 및 작업 환경에 관계된 모든 정보의 평가를 통해 흥미에 부합되는 직업을 찾아주는 과정입니다.
• **직업 재활:** 장애인에 대한 적절한 직업을 확보하고 고용을 유지할 수 있도록 지원하는 일련의 서비스입니다.
• **직업 준비:** 장애인의 취업을 촉진하고 안정된 직업 생활을 할 수 있도록 장애인 자신과 관계자들이 행하는 일체의 준비 행위와 활동 및 조치를 의미합니다.
• **직업 평가:** 개인의 직업 흥미, 적성, 능력, 강점과 제한점, 기능 수준을 종합적이고 체계적으로 분석하여, 각종 직업의 내용과 현장에 관한 폭넓은 정보를 제공함으로써 직업의 방향을 결정하고 효과적으로 적응할 수 있도록 하는 직업 재활서비스의 하나입니다.
• **진로교육:** 의미 있는 직업 또는 직업 가치를 선택하도록 도와주는 교육입니다. 취학 전에 시작되어 평생 동안 실시되어야 하며 진로 교육 프로그램은 가정, 학교, 지역사회가 상호 긴밀한 연계 속에서 계획되고 실시되어야 합니다. 「장애인 등에 대한 특수교육법」에서는 특수교육 대상자가 학교에서 사회로 원활한 적응을 할 수 있도록 하기 위하여 관련 기관의 협력을 통하여 직업 평가 · 직업교육 · 고용지원 · 사후관리 등의 직업 재활 훈련과 일상생활적응훈련 · 사회 적응훈련 등의 자립생활훈련을 실시하도록 하고 있습니다.

- **통합교육:** 특수교육 대상자가 일반학교에서 장애유형·장애정도에 따라 차별받지 않고 또래와 함께 개인의 교육적 요구에 적합한 교육을 받는 것을 말합니다. 통합은 장애 학생을 비장애 또래와 같은 일반학급에 배치하는 물리적 통합, 일반학급 활동에 의미 있게 참여하는 교수활동적 통합, 통합되는 학급의 교사와 또래에게서 학급의 구성원으로 포함·수용되는 사회적 통합 도두를 의미합니다.
- **통합환경:** 모든 활동에서 장애 학생이 배제되지 않고 비장애 학생과 함께 교육받을 수 있도록 조성된 물리적·심리적·사회적 환경입니다.
- **특수학교:** 장애인의 교육을 위하여 일반학교와 분리된 형태로 설립된 교육시설입니다.
- **특수학급:** 특수교육 대상자에게 통합교육을 실시하려고 일반학교에 설치한 학급입니다. 고등학교 이하의 각급 학교에 설치하며 아동의 능력 등을 고려하여 전일제, 시간제, 특별지도, 순회교육 등으로 운영합니다.
- **페닐케톤뇨증:** 음식물에 들어있는 페닐알라닌을 분해하는 효소의 부족으로 인하여 발생하는 단백질 대사 이상 장애입니다.
- **편마비:** 몸의 한쪽 팔다리에 운동 장애가 있는 마비입니다. 다리보다 팔의 장애가 더욱 심한 편이고 보통 팔꿈치, 손목 등이 구부러져 있습니다. 뇌의 급성 순환 장애, 출혈, 뇌손상 등이 왼쪽 뇌반구에 발생하면 그 증상은 오른쪽 편마비를 일으키게 되고, 오른쪽 뇌반구에 발행하면 반대로 왼쪽 편마비를 갖게 됩니다.
- **학교차원의 긍정적 행동중재와 지원:** 단위 학교에서 모든 학생의 학업과 행동에서 중요한 성과를 이루기 위해 증거기반 중재의 연속적 행동지원 체계를 적용·실행하게 하는 틀로서 다음과 같은 핵심적 특성이 있습니다. 학교 안의 모든 체계를 강조하며, 3단계 예방 모델로 모든 학생의

요구에 관심을 둡니다. 학교 차원의 긍정적 행동지원(SW-PBIS) 활동 참여와 지원에 대한 학교 구성원의 전반적 동의가 전제되어야 하며, 개별학교의 독특한 요구에 부응하기 위해 고안된 중재 전략을 적용합니다. 팀 중심의 계획과 의사결정이 이루어지며, 훈육과 행동 관리를 위한 교수적 접근이 강조됩니다. 자료에 근거하여 의사결정을 내리며, 체제 변화와 SW-PBIS의 장기 실행을 보장하고, 중재와 지원에 대해 지속적으로 평가하고 수정합니다.

- **학습부진아**: 학업성취 수준이 학습 가능성에 비하여 기대에 미치지 못하는 아동입니다. 지능이 보통 수준이면서 내적·외적·기능적·환경적인 여러 이유로 학업성적이 저조한 아동입니다.

- **학습지진아**: 지적 능력이 떨어져 학습에 어려움을 보이는 아동을 말합니다. 느린 학습자 또는 경계선 지적 기능 아동이라고도 부릅니다. 지적장애와 비장애의 경계선에 있습니다.

- **행동수정**: 개인의 외적, 내적 행동을 증진시키기 위하여 학습 원리와 다양한 기법들을 체계적으로 적용하는 것입니다. 즉, 행동의 후속 결과를 변화시키는 절차나 행동을 유발하는 자극의 조건(환경)을 변화시키는 것에 관한 용어로서, 바람직한 행동으로의 변화를 유도하기 위하여 사용되는 모든 방법이나 절차를 통칭합니다. 행동 수정의 기본적인 입장은 모든 행동에는 법칙이 있다고 보는데, 행동과 환경사건간의 기능적 관계를 분석하여 이 원리를 바꾸어 주도록 하는 것입니다. 각개인의 행동을 측정 가능한 행동 용어로 문제를 정의하고 부적응 행동을 유발 시키는 환경을 분석한 후, 이를 수정할 수 있는 기능적 환경사건들을 변화시키는 것입니다. 이때 행동수정에 대한 결과는 중재 전후의 행동을 측정함으로써 보다 과학적으로 문제 행동의 변화 정도를 제시합니다.

부록 2

참고 도서 및 자료

1. 단행본

권용덕. (2024). 장애인이랑 친구가 될 수 있을까. 다른.
국립특수교육원(편). (2018). 특수교육학 용어사전. 하우.
김차명. (2025). 그래도 네가 선생님을 했으면 좋겠어. 일요일오후.
김혜민. (2025). 시후엄마, 김혜민 경찰입니다. 홍림.
박소현, & 이은혜. (2024). 특수아동교육. 학지사.
봉현. (2022). 단정한 반복이 나를 살릴 거야. 미디어창비.
송명숙. (2021). 모두를 위한 통합교육을 그리다. 한울림스페셜.
이진구. (2025). 학습도움반의 모든 것. 청림Life.
정명철, 박송희, 한경화, 이수경, & 김새봄. (2023). 배워서 바로 실천하는 교실 속, 긍정적 행동지원. 교육과학사.
최민준. (2023). 최민준의 아들코칭 백과. 위즈덤하우스.

한성희. (2024). 벌써 마흔이 된 딸에게. 메이븐.

황현철. (2022). 포코 아 포코. 한그루.

Bandura, A. (1997). Self-efficacy: The exercise of control. Worth publishers.

Dweck, C. S. (2006). Mindset: The new psychology of success. Random House.

Ginott, H. G. (2020). 교사와 학생 사이 (신홍민, 역). 양철북.

Grandin, T. (2011). 어느 자폐인 이야기 (박경희, 역). 김영사.

Heward, W. L., Konrad, M., & Alber-Morgan, S. R. (2022). 최신특수교육-제12판 (이효신 외, 역). 시그마프레스.

Keller, H. (2018). 사흘만 볼 수 있다면 (박에스더, 역). 사우.

McKenn, J. W. (2022). Inclusive instruction for students with emotional and behavioral disorders: pulling back the curtain. Lexington Books.

Mesibov, G., Shea, V., & Schopler, E. (2012). The TEACCH approach to autism spectrum disorders. Springer.

Palmer, P. J. (2024). 가르칠 수 있는 용기 (김성환, 역). 한문화.

Palacio, R. J. (2023). 원더 (천미나, 역). 책과콩나무.

Pianta, R. C. (1999). Enhancing relationships between children and teachers. American Psychological Association.

Richard, M. G., & Emily, C. B. (2021). 지적장애인 교육 (박승희 외, 역). 교육과학사.

Sprague, J. R., & Walker, H. M. (2022). Safe and healthy schools: Practical prevention strategies (2nd ed.). Guilford Press.

Walker, H. M., & Gresham, F. M. (Eds.) (2014). Handbook of evidence-based practices for students having emotional and behavioral disorders: Applications in schools. Guilford Press.

2. 학술 논문 및 보고서

남혜진, & 박승희. (2018). 일반초등학교와 특수학교의 통합교류활동 프로그램이 비장애학생들과 중도·중복 장애학생들에게 미친 영향. 특수교육, 17(3).

권현수. (2016). 특수학급이 설치된 중등 일반학교 특수교사와 일반교사의 통합교육, 통합학급, 교사의 역할에 대한 인식. 특수교육저널: 이론과 실천

신수진. (2022). 비장애 형제자매의 돌봄 경험 연구. 사회적협동조합 가족 사례 중심.

김다혜, & 한재희. (2016). 지적장애형제를 둔 비장애형제자매의 심리적 현상. 한국상담학회.

Buschmann, A., Jooss, B., Rupp, A., Dockter, S., Blaschtikowitz, H., Heggen, I., & Pietz, J. (2009). Parent based language intervention for 2-year-old children with specific expressive language delay: A randomized controlled trial. Archives of Disease in Childhood, 94(2), 110–116.

Bradshaw, C. P., Waasdorp, T. E., & Leaf, P. J. (2012). Effects of school-wide positive behavioral interventions and supports on child behavior problems. Pediatrics, 130(5), e1136–e1145.

Horner, R. H., Sugai, G., & Anderson, C. M. (2010). Examining the evidence base for school-wide positive behavior support.

Focus on Exceptional Children, 42(8), 1-14.

National Scientific Council on the Developing Child. (2004). Children's emotional development is built into the architecture of their brains.

Odom, S. L., et al. (2015). Evidence-based practices for children, youth, and young adults with autism spectrum disorder. Journal of Autism and Developmental Disorders.

Rescorla, L. (2005). Age 13 language and reading outcomes in late-talking toddlers. Journal of Speech, Language, and Hearing Research, 48(2), 459-472.

3. 제도 · 법령 및 통계

공공데이터포털.

교육부. (2024). 특수교육 통계.

교육통계서비스. (2023).

https://kess.kedi.re.kr/stats/intro?itemCode=01&menuCd=0101&survSeq=2023

지표누리. (2023).

https://www.index.go.kr/unity/potal/main/EachDtlPageDetail.do?idx_cd=1544

한국장애인고용공단 고용개발원. (2025). 2024년 발달장애인 일과 삶 실태조사.

IDEA (Individuals with Disabilities Education Act). 미국 장애교육법.

4. 기관·단체 자료 및 기사

경기도교육청 진로직업특수교육지원센터-홀트학교. (2025). 2026 특수교육 대상학생 진로·진학 자료집.

국립특수교육원 장애자녀 부모 지원 종합시스템(온맘). (2017). 장애학생부모 양육지원가이드북.

국립특수교육원. 특수교육보조인력 역량강화 기초과정.

동아일보. (2023). 특수 학생 20% 증가… 교권침해 논란.
https://www.donga.com/news/Opinion/article/all/20230827/120890832/1

브런치. (2022). 비장애형제 인터뷰. https://brunch.co.kr/@nanurim/40

서울교대학보. (2024). https://www.snuepress.com/news/articleView.html?idxno=460

사회복지법인 함께걷는 아이들. (2018). 비장애형제자매의 이야기.
https://walkingwithus.tistory.com/534

주오이시디 대한민국 대표부. https://oecd.mofa.go.kr/oecd-ko/index.do

한국교육신문. (2004). 통합에서 소외되는 특수학급.
https://www.hangyo.com/news/article.html?no=8504

한국장애인고용공단 고용개발원. (2021). 발달장애인을 위한 알기 쉬운 직업정보서. https://hub.kead.or.kr/v3/onlineEduRefeasyinfo.do

CASEL (Collaborative for Academic, Social, and Emotional Learning). SEL framework.

KBS 뉴스. (2019). 비장애 형제자매에도 사회적 관심을.
https://news.kbs.co.kr/news/pc/view/view.do?ncd=4185571

Semmelweis University.
https://semmelweis.hu/pak/en/about-us/about-dr-andras-peto/

5. 영화 및 영상

영화 〈그녀에게〉(2024). 원작 류승연. 사양합니다, 동네 바보 형이라는 말.

Chbosky, S. (Director). (2017). Wonder [Film]. Lionsgate.

Jackson, M. (Director). (2010). Temple Grandin [Film]. HBO.

Sheridan, K. (Director). (2007). August Rush [Film]. Warner Bros.